為深度學習而教
促進學生創造意義的思考工具

Teaching for Deeper Learning：

Tools to Engage Students in Meaning Making

作者｜JAY MCTIGHE、HARVEY F. SILVER

譯者｜侯秋玲

TEACHING FOR
DEEPER
LEARNING

Tools to Engage Students in
Meaning Making

JAY **MCTIGHE** | HARVEY F. **SILVER**

牛頓爵士說他之所以能看得那麼遠，是因為他站在巨人的肩膀上。
我們也曾經跟兩位巨人合作：Richard Strong 和 Grant Wiggins。
他們是了不起的朋友、同事和教育思想的領導者。
雖然他們已經不在我們身邊，但他們的想法活在這本書裡，
我們謙卑的將這本書獻給他們。

作者簡介

Jay McTighe

Jay McTighe 擁有充實多元的教育生涯，從中發展出一身豐富的經驗。在學校和學區層級，他曾擔任教師、諮詢專家和計畫協同主持人。在州的層級，他曾協助馬里蘭州教育廳領導馬里蘭州的標準本位改革計畫，也負責帶領「教學架構」（Instructional Framework）多媒體教學資料庫的發展。他也曾擔任馬里蘭州評量協會（Maryland Assessment Consortium）主任，此協會是州立的學區合作組織，共同發展和分享形成性實作評量做法。

Jay 是很有成就的作家，曾與其他人合作出版了 17 本著作，包括和 Grant Wiggins 合著的得獎暢銷書「重理解的課程設計」（Understanding by Design）系列。他的書已經被翻譯成 14 種語言。他也寫了超過 36 篇的文章和專書篇章，並且發表在重要期刊，包括《教育領導》（*Educational Leadership*）和《教育週刊》（*Education Week*）。他在教師專業發展方面有深厚廣博的知識背景，經常在美國和國際的研討會及工作坊擔任講師，曾經在美國 47 個州、加拿大 7 個省和六大洲的 38 個國家演講。

Harvey F. Silver

    Harvey F. Silver 教育博士是 Silver Strong 聯盟（Silver Strong & Associates）和善思教育出版公司（Thoughtful Education Press）的共同創立者和總裁。在運用研究為本的實用教學技術來改進課堂教學方面，Harvey 是很有活力的講師，也是世界一流的專家，經常在全國性或區域性的教育研討會擔任講師。他也直接與全美國的學校、學區和教育機構合作，辦理各類專題的工作坊，包括學生參與投入、差異化教學、善思評量、教學領導和策略式單課／單元設計。

    Harvey 在職業生涯裡，一直致力於協助教師——和學生——發揮他們的潛能。他和已故的 Richard W. Strong 一起發展出「善思教室」（The Thoughtful Classroom），這是全美知名的教師專業發展計畫，目標是幫助每一個學生成功學習。最近幾年，他協同 Matthew J. Perini 發展出「善思教室教師效能架構」（Thoughtful Classroom Teacher Effectiveness Framework），這個觀察、評鑑和調整教室教學做法的全面性系統，已經在全國的許多學區裡實施。Harvey 是幾本教育類暢銷書的作者，包括 ASCD 出版的《核心六大技能》（*The Core Six*，暫譯）和《有策略的教師》（*The Strategic Teacher*，暫譯）；他也是得獎的「給今日教育者的工具書」（Tools for Today's Educators）系列書籍的首席研發員，此系列的書籍提供教師許多立即可用的工具，以提升教與學。

譯者簡介

·—————·
TRANSLATOR

侯秋玲

　　臺灣大學外文系學士，彰化師範大學特殊教育碩士（主修資優教育），臺灣師範大學教育博士（主修課程與教學）。現任臺灣小學語文教育學會理事，為拓展語文教育之可能性而努力，並跟一些學校及教師社群長期合作課程教學設計和教學觀察討論。曾任臺灣師範大學教育專業發展中心博士後研究員，負責國中小補救教學師資培育計畫，關注弱勢者教育，期望培育出有教育愛與教育專業的教師，協助每一個學生成功學習。亦曾任毛毛蟲兒童哲學基金會執行長，喜歡跟孩子一同探索「思考」和「學習」的各種可能性。

　　另外也翻譯童書繪本、親子教養書和課程教學資源書，如《核心問題：開啟學生理解之門》、《領導差異化教學：培育教師，以培育學生》、《整合運用差異化教學和重理解的課程設計》（以上為心理出版社出版）、《分享書，談科學：用兒童文學探索科學概念》（華騰文化出版）、《無畏的領導，堅定的愛》（遠流出版公司出版）。與一群好夥伴編寫過《聊書與人生》、《聊書學語文》、《聊書學文學》、《文學圈之理論與實務》（以上為朗智思維科技出版），《練好閱讀功：20個文學圈讀書會示例》（天衛文化出版）。未來，應該會繼續探究教與學，譯寫更多好書。

譯者序

2020 年 4 月，美國教育視導與課程發展協會（ASCD）寄來了這本會員選書，看到作者是 UbD 創始大師之一的 Jay McTighe，立即吸引我翻閱內容，想知道這位大師在夥伴 Grant Wiggins 不幸因心臟疾病於 2015 年突然去世之後，為兩人畢生的教育心血結晶「重理解的課程設計」（Understanding by Design, UbD）做了什麼延續與傳承的努力。而後驚喜的發現，這次他是跟另一位教學策略大師 Harvey F. Silver 合作，以大概念和核心問題為引，介紹七項重要的思考技能與相關的實用工具，帶領學生投入大概念和過程技能的探究，有方法、有效能的思考和創造意義，達成深入且持久的學習──也就是 UbD 重視與追求的「理解」目標。

在我看來，這本書基本上是針對 McTighe 和 Wiggins 的前作《核心問題：開啟學生理解之門》第五章「如何處理教學實施的挑戰」和第六章「如何在教室裡建立探究文化」，提出了一系列的解決方法，讓認真完成 UbD 課程設計的教師，在實際進行教學時，能夠以原則性的步驟流程來運用核心問題，讓學生參與、投入探究思考、對話討論和歸納整理，逐漸建構出大概念的理解。對有心實踐「概念探究取向的課程與教學」的教師而言，這是非常具有參考價值又立即可用的教學技能工具書。

回顧過去兩年和基隆概念探究社群教師合作設計與實施 UbD 的經驗，我們在第一階段找出期望的學習結果（將課程目標聚焦在重要知

識、技能和持久理解，並設計伴隨的核心問題），以及第二階段確認評量的證據（設計讓學生遷移應用這些知識、技能和理解的實作任務，並收集學生學習過程中的相關表現資料），確實遇到了不少困難。所以我們做了不少功課，包含：研究不同學科的核心本質和大概念，抓取課程綱要裡的重要目標，了解學生在這些目標上的學習發展進程，再結合適當的差異化處理和評量方法……這些功課實在燒腦，老師們時常喊累，但研討的過程確實讓我們精進不少。

　　不過，真正的試煉在於第三階段：學習計畫的設計與實施。對於習慣了以精熟課文為教學目標的老師們來說，教學活動的安排難免往單一標準答案走，給學生探索學習與建構理解的時間空間難免狹小封閉，那種「有效串連安排教學活動與流程，讓學生投入核心問題的探究思考，師生共同對話討論，促進學生自己建構出大概念的理解」探究式學習計畫，究竟該如何組織安排？在思考設計時已是一個難題，到實際實施教學時，真如《核心問題》第五章所說的：「一個設計得非常完美的教學計畫，實際上卻在跟教室裡的孩子真實接觸不到五分鐘，就證明完全無用！」而 McTighe 和 Wiggins 兩位大師還斷言（應該是從各種推廣工作坊和研討會裡蒐集來的教師反應）：「實施核心問題的教學，會更增加出錯、發生問題的可能，因為老師們不只在嘗試全新的、耗費心力的方法策略，而且，當學生越來越掌握課堂探究和對話討論的自主權之際，更是開啟了越來越難以預測學習結果的教學。」我相信，有不少老師在這裡打了退堂鼓，原本滿懷希望與勇氣的嘗試，卻承受如此直接的挫敗，學生學習反應不佳，又找不到相關資源、工具或支援可以幫助自己好好修復錯誤問題，真正讓 UbD 課程設計達標，如何能不覺得沮喪、想放棄？

在我們的社群裡，走到了學習計畫實施此一階段，同樣也面對《核心問題》書中提及的兩大類困難挑戰：（1）面對無法預知內容或走向的討論，老師和學生雙方所產生的無效或不適當的回應；（2）面對探究歷程本身隱含的無法預測性產生焦慮，老師因此害怕失去控制，而學生會害怕自己表現笨拙。此時我們更需要直指探究重點的教學策略，來引領教學活動的進行，促進學生投入思考。在教學嘗試的過程中，除了在文獻和網路努力搜尋適合使用的思考與讀寫策略之外，很慶幸的，心理出版社應允本書的翻譯，於是我一邊翻譯一邊將書中好用的策略和工具介紹給夥伴們，透過夥伴教師的試用與反應，我們可以回答兩位作者在序裡關於本書設計的問題：

1. **這個設計是否達成它原來預定的目的？**是，它讓我們知道如何善用各項工具，促進學生投入思考、討論和創造意義，透過探究對話達致理解。
2. **這個設計實用嗎？**實用，我們馬上就用了！
3. **人們會喜歡它嗎？**當然，帶著這些策略工具，我們更有勇氣和信心，繼續嘗試前行。
4. **它美嗎？**美，簡單又深刻又實用的美，真是厲害的寫作設計。

在本書一開始的獻詞中，兩位作者懷念已經離世的長期合作夥伴，謙虛的說他們站在這兩位巨人的肩膀上，寫出了這本書。身為譯者的我想向四位大師致敬，感謝四位巨人深研課程與教學的核心精髓，提出了許多精要的設計思維和實用的教學策略，充實裝備我們的課程與教學工具箱，讓我們有能力、有辦法為學生搭建有助於他們成長發展的鷹架，創造豐富的課程教學和足夠的學習機會，促使學生變成積極主動的意義創造者，尋求深入的理解並能遷移應用所學，成為獨立自主的學習者

──而我們也因此完成了身為教師的使命和目的。

　　親愛的讀者，誠摯的邀請你，站在巨人的肩膀上，一起開始搭建概念探究、深度學習的課程與教學鷹架。

侯秋玲謹誌

致謝

ACKNOWLEDGMENTS

寫作這本書，對我們倆來說，是為終身熱愛的志業所做的勞動。我們兩人各自平行發展的職業生涯，合起來有將近一百年的工作成果，要整合其中的想法並不是一件簡單的任務。透過這個寫作歷程，我們有了豐富的對話，提出了不少問題，甚至針對幾個點辯論過，但到了最後，我們相信這本書代表著「重理解的課程設計」（Understanding by Design®）與「善思教室」（The Thoughtful Classroom™）之間真正的協同合作和重要想法的融會貫通。

　　如果沒有傑出的寫作團隊幫忙，這本書根本不可能出版。我們想要感謝：Matthew Perini，這位寫作技藝大師的引導和指路至關重要，幫助我們成功整合我們的想法；Abigail Boutz，這位重要的諍友，幫忙確保我們的寫作思路清晰、提出的工具和策略切合實際而且對讀者友善好用；Justin Gilbert，我們的內部編輯，確保所有的細節都正確及準時交稿；Kimberly Nunez，願意跳進來幫忙我們熬過這段歷程，不只一次拯救了我們。

　　我們也要感謝 ASCD 多年來對我們的支持，並給我們機會與教育界分享我們的想法。特別要感謝 ASCD 出版團隊，尤其是 Stefani Roth、Genny Ostertag，以及我們優秀的編輯 Miriam Calderone，感謝他們從本書開始寫作到最後出版期間的支持。

最後，我們要感謝在漫長的職業生涯中，與我們合作共事過的成千上萬名教師和教育行政人員。我們從你們身上學到好多好多，我們也希望這本書能夠對教育這個專業領域有些回饋與助益。

Jay 與 *Harvey*

為深度學習而教 | 促進學生創造意義的思考工具

序

　　傳說中，世界知名的建築師和思想家巴克敏斯特‧富勒（Buckminster Fuller）曾經告訴一位滿懷抱負的年輕建築師，偉大的建築設計必須達到四個目標，富勒用四個簡單的問題來說明這些目標：

1. 這個設計是否達成它原來預定的目的？
2. 這個設計實用嗎？
3. 人們會喜歡它嗎？
4. 它美嗎？

　　這四個問題一直指引著這本書的設計。第一，我們帶著一個明確的**目的**出發：要幫助教育工作者做出關鍵的典範轉移，從提供資訊給學生（一種知識消費模式）轉變為增強學生的自主性，讓學生變成積極主動的意義創造者，尋求深入的理解，並且能夠遷移應用所學。

　　第二，根據我們多年來的經驗，教育工作者正在尋找務實且易於在課堂上運用的資源，因此我們努力使這本書具有很強的**實用功能**，提供大量立即可用的工具和策略，幫助你立刻將這些想法付諸實踐。

　　為了幫助我們回答「**人們會喜歡它嗎？**」這個問題，我們在工作坊、教練夥伴社群以及學校專業發展合作案中，不斷測試並調整修改本書的想法和工具。我們可以很自豪的說，教育工作者給我們的回饋非常的正向與熱烈。

然後就是最後一個問題，也是最主觀的一個問題：**它美嗎？**關於美的一種思考方式是：美是一種既簡單又深刻的東西，像日本的俳句一樣──容易理解但影響深遠。透過書寫這本充滿簡單工具但旨在創造教室和學校的深刻改變的書，我們真心希望我們做到了這個簡單又深刻的美之標準。最重要的是，我們希望能夠啟發、激勵你──教學的設計師──在你所教的學科內容裡、在你如何教這些內容的方式裡、在你的作為對學生未來產生的影響裡，都能看見美。

目次

CONTENTS

為深度學習而教 | 促進學生創造意義的思考工具

引言

　　有絲分裂和減數分裂、對數、黑斯廷斯戰役（Battle of Hastings）：你能回憶起在高中或大學時代，你「學了」哪樣東西而且通過考試，但卻很快就把它忘記了？也許是這些資訊對你並不重要，也許你只是死記硬背，認知心理學家把這種學習──表面習得、從未真正理解、迅速遺忘的學習──定義為**惰性**知識（inert knowledge）（National Research Council, 2000）。現在拿這些例子對比你**真正**理解某樣東西的經驗──也就是持續很久的學習。你逐漸學會和理解它的方式與過程，有什麼差異？因為有這樣的理解，所以你現在能夠做什麼事情？

　　這些差異對我們來說很常見，而且它們突顯出這本書的主要目標之一：促進深度且持久的學習，以增加知識資訊的記憶保留，達致概念性的理解，並且訓練學生具備能力，能夠將自己的學習遷移應用到新的情境。

　　但所謂深度學習某樣東西，是什麼意思呢？我們認為，深度學習會讓學生對重要想法和過程技能產生持久的理解。不過，我們也主張，理解必須是學生自己「掙來的」，換言之，理解不是單靠教師講述就能傳遞的東西，雖然我們可以直接教授事實知識和流程步驟，但是，對於較大的概念想法和抽象過程的理解必須是由學生在腦中建構、創造，學生是透過運用高層次思考技能對學習內容進行主動的認知處理而掙得理解的。我們將學生這種主動的意義建構稱為**意義創造**（meaning making）。

當目標是深度學習和理解時,教師的角色就會從主要的資訊傳播者或技能示範者(臺上的聖人),擴展成意義創造的促進者(身邊的嚮導)。更具體的說,教師會幫助學生運用思考技能來處理課堂學習內容,使他們積極主動參與意義創造的過程,藉此來促進學生對學習內容的理解。

在本書裡,我們強調這七項思考技能:

1. 概念化(Conceptualizing)
2. 做筆記和摘要總結(Note making and summarizing)
3. 比較(Comparing)
4. 為理解而讀(Reading for understanding)
5. 預測和假設(Predicting and hypothesizing)
6. 視覺化和圖像表徵(Visualizing and graphic representation)
7. 觀點取替和同理(Perspective taking and empathizing)

這七項技能的運用,促進學生以更好的記憶保留和提取為目標來獲取和吸收資訊,培育學生主動的創造意義、更深入的理解「大概念」,並且建立將所學遷移應用到校內外新情境的能力,從而幫助學生達成深入且持久的學習。

為什麼是「這些」技能?

很顯然的,能夠促進意義創造和理解的思考技能有很多,那我們為什麼要特別選擇這七項技能呢?我們選擇這些技能當作本書的焦點,主要是基於以下的原因:

- **它們具體展現良好思考的本質。**好的思考者在學校、工作和生活中會運用這些技能，而且這些技能深嵌在目前的學科課程標準和標準化測驗當中。更重要的是，它們是更複雜的思維推理形式（比如論證、探究和設計）的基礎。

- **它們是區分高成就者與表現一般或低成就者的指標技能。**透過多年來在學校的研究和工作，我們發現，成功的學生之所以能好好處理複雜工作和嚴謹學科內容的認知需求，正是因為他們善用這些技能來幫助他們。而難以應付複雜工作和學習挑戰的學生往往缺乏其中的許多技能。

- **教學上經常忽略它們。**想想這些技能對學生的學習和學業成功是多麼重要，但令人驚訝的是我們的教室裡卻很少直接教導這些技能。實際上，有時候實在很難在教學裡找到這些技能，因此我們可以稱之為「學業成功的隱藏版技能」。但是，如果我們認為自己應該負起責任，教導學生準備好面對更嚴謹的認知和學科內容的挑戰與要求，那麼我們必須幫助他們變得更有能力應對這些挑戰。教導和強化這七項技能就是發展這種「應對能力」的方式，也是落實大學和職業準備的方式。

- **它們提供所有教師一種易於管理的方式來提高學習成就，並增加學生的成功率。**我們特意選擇了跨學科內容領域和跨年級程度的技能，無論你教的年級或學科專業是什麼，你都可以相當輕鬆的教導、評量這些技能和訂出評分的比較基準。再者，七項技能算是容易管理掌握的數量——而我們從經驗中得知，易於管理對於成功的課堂教學實施是至關重要的因素。

總而言之，我們選擇聚焦的思考技能和工具有雙重好處：（1）作為一種**方法**，它們能夠幫助學生主動的建構意義，從而更加深對學科核心內容的理解；（2）作為一種**目的**，它們提供具有內在價值、可遷移應用的技能和工具，學生在學校和生活中都能運用。因此，這些工具對學生和對你來說都一樣重要。

本書的組織結構

雖然我們一起寫作這本書的主要目的是為教育工作者提供具體的技能和工具，讓學生參與積極主動的意義創造和深度學習，但我們認為，如果不討論什麼樣的學科內容值得去建構與創造意義、如何將我們強調的技能和工具融入到課堂教學與單元設計當中、如何建立學生獨立使用這些工具的能力，這本書就不算完整。因此，我們盡力確保在本書的九個章節當中會提到每一個重要的元素，現在讓我們來看看這本書是如何組織安排這些資訊的。

第一章討論值得學生理解和創造意義的學科內容是什麼，強調建立概念為本的課程之重要性，以確保教與學持續將焦點放在重要和可遷移應用的想法，同時也提出實用的工具和策略來做到這件事。

第二章至第八章深入探討這七項創造意義的思考技能。在每章的「怎麼做」部分，你可以找到實用且經過驗證的工具和策略，讓學生聚焦學習該項技能，同時也有一些說明示例幫助你更有效的運用這些工具和策略。

第九章提供一些具體的想法來幫助你將本書的策略納入你和學生的技能工具箱裡，並介紹一套經實驗證明可以有效教導學生獨立自主運用這些工具的教學流程，說明如何將這些技能和工具融入課程單元中，好

讓學生主動投入意義創造。同時也會告訴你如何運用課程地圖矩陣
（curriculum Mapping Matrix）來規劃一整年的課程單元，以確保你持續
聚焦於重要的概念想法，並且系統性的運用思考技能來幫助學生理解這
些大概念。

讓目標變成可能的工具

　　就像歷史上人類會運用諸如輪子、星象盤、耕耘機和電腦等工具，
來讓他們的工作更容易、更有效，你也可以運用本書裡的工具來改善、
提升**你的**教育工作。這些工具並非抽象、難以實施的想法，而是提供具
體又簡單的方式來促進深度學習和主動學習，它們是讓抽象和內在思考
過程變得可見的手段工具，也是以你和學生都會喜歡的形式將優質教學
原則帶入課堂的媒介方法。

為深度學習而教｜促進學生創造意義的思考工具

1 以大概念架構學習

　　在引言中，我們討論了讓學生主動參與意義創造的重要性。在第二到八章，我們將探討可以幫助學生理解我們所教內容和創造意義的思考技能和工具。但是我們首先應該教什麼呢？什麼是值得讓學生理解和創造意義的？我們可以如何設計課程以促進深度學習和遷移應用？

　　為了回答這些問題，我們需要考慮影響現代教育的幾個因素。這個世界的一個基本特徵是，我們的集體知識庫不斷快速增加，在幾個月，而不是幾十年的時間裡就增加了好幾倍，知識的增長速度確實超過了我們的吸收能力。而且相伴而來的現實是，一般人現在可以透過智慧型手機取得大部分的知識，這意味著現代的學校教育不再需要記憶所有相關的資訊。

　　與此有關的另一個趨勢涉及當今世界變化迅速和因而造成的不可預測性。從科技的進步（例如自動化和人工智慧）到政治經濟的變革，從全球移民模式的轉變到氣候變遷，幾乎可以斷言，我們再也不能像過去那樣教育學生去面對一個穩定、可預測的世界。

聚焦大概念

　　顯然，我們的世界正在劇烈的變化——因此，我們教學的焦點需要相應的改變。對前述趨勢的關注促使頂尖的課程專家們（Erickson,

2007, 2008; Wiggins & McTighe, 2005, 2011, 2012）建議，現代課程應該以可遷移應用的大概念為中心，優先以比較少量的大概念來架構課程內涵。他們提出這樣的建議有四個原因：

1. **要教的資訊實在太多了，學校根本無法包辦一切**。知識的爆炸性增長意味著面對所有可能要教的學科內容，我們只能處理相對較少的內容，特別是歷史和 STEM 學科〔科學（Science）、科技（Technology）、工程（Engineering）和數學（Math）〕。因此我們實在必須找出要讓學生理解的核心大概念，並依此聚焦教學的重點。

2. **試圖教完過多的學科內容可能會導致學生表淺、不想投入的學習**。對比之下，當我們關注的是較少但較大的概念想法和可遷移應用的技能時，我們就有更多的時間讓學生主動理解和創造那些大概念的意義。而且，我們可以擴展實作表現任務的運用，讓學生以真實和有意義的方式應用他們的學習，從而產生深度學習和遷移應用能力。

3. **重視強調大概念，反映出我們對於知識要如何組織結構才最有利於保留和應用的理解**。專家相對於新手的知識組織結構的研究結果顯示，「（專家的）知識並非只是條列出一堆與其專業領域相關的事實和公式；相反的，他們的知識是圍繞著指引他們進行專業領域思考的核心概念或『大概念』來組織的。」（National Research Council, 2000, p. 36）

4. **現代世界的迅速變化和不可預測性，需要我們培育出能夠遷移應用所學的學習者**。死記硬背的學習事實資訊本身並不能訓練學習者有效的將事實資訊應用到新的情境，因為遷移應用的必要條件是對於更廣大的概念和通則的理解，以遷移應用為目標

🖉 **為深度學習而教** | 促進學生創造意義的思考工具

的教學必須將焦點放在更大的概念想法上。

請注意，我們建議強調大概念和可遷移應用的過程技能，並不是要刻意淡化教導基本技能或基礎知識的重要性。我們只是認為，基本的事實和技能應該被視為達成更偉大的目的的工具——換言之，它們是用來製造更大的概念性理解的原始材料，用來發展出我們希望學生帶得走的大概念。值得注意的是，美國最新一代的課程標準——包括「各州共同核心課程標準」（Common Core State Standards）、「新世代科學標準」（Next Generation Science Standards）和「社會領域大學、職涯與公民生活 C3 課程標準架構」（College, Career, and Civic Life [C3] Framework for Social Studies）——全部都強調教學須以深入理解較大概念為目標，而不是表面帶過、教完大量的資訊。

概念為本的課程設計

非常龐大的教學內容量，加上相對應的「廣度有餘，深度不足」的課程問題，都要求課程團隊和個別教師必須有能力判斷學科內容的重要優先順序——亦即，決定最重要的課程結果，以及如何最有效運用教學時間。透過將課程焦點放在重要概念和可遷移應用的想法上，教師可以更深入的發展和加深學生的理解，而非只是試著帶過或教完大量零碎的事實。

在這一章，我們將說明三種方法，讓教師能以重要的概念想法為中心來架構課程與教學：

1. **對 _____ 的研究**（A Study In ...）：鼓勵教師計畫課程單元時，將焦點放在想要學生理解的關鍵概念上，而非只是標題、技能

或教材文本。

2. **概念文字牆**（Concept Word Wall）：提醒教師找出能幫助學生發展出對學科內容深入理解的關鍵概念——並且讓這些概念在教室裡清晰可見。

3. **核心問題**（Essential Questions）：告訴教師要如何以開放式、激發思考的問題來架構學科內容，幫助學生理解和「發掘」（uncover）大概念。

》 對_____的研究

要確保教學單元持續聚焦在一個概念重點，而非只是處理標題（topics）、基本技能或流於活動取向，一種簡單而有效的方法是把教學單元架構成對可遷移應用的較大概念或主題（theme）的研究（Silver & Perini, 2010）。選擇一個適當的概念或主題（見圖表 1.1 列出的一些可能的示例），把它寫進你的單元名稱裡，並在單元進行的過程中，運用選定的概念來聚焦教學重點。底下是幾個以這種方式架構出來的單元例子：

- 論證寫作：對**技藝**的研究
- 印象主義：對**革命**的研究
- 四季：對**變化**的研究
- 「五角大廈文件」：對**欺騙**的研究
- 希區考克的四部驚魂記電影：對**癡迷執念**的研究
- 重量訓練：對**適當技術**的研究
- 整數：對**規則與關係**的研究
- 西班牙語正式稱呼語與非正式稱呼語的比較：對**尊敬**的研究

  為深度學習而教｜促進學生創造意義的思考工具

富足／匱乏（abundance/scarcity）
接納／拒絕（acceptance/rejection）
適應（adaptation）
平衡（balance）
關懷（caring）
因果關係（cause and effect）
挑戰（challenge）
改變／持續（change/continuity）
人格；個性（character）
溝通（communication）
社區；社群（community）
競爭（competition）
構思佈局（composition）
衝突（conflict）
聚斂（convergence）
合作（cooperation）
相關性（correlation）
勇氣（courage）
技藝（craftsmanship）
創造力（creativity）
文化（culture）
週期；循環（cycles）
防禦／保護（defense/protection）
民主（democracy）
設計（design）
發現（discovery）
多元多樣性（diversity）
環境（environment）
平等／不平等（equality/inequality）
均衡（equilibrium）
均等；等值（equivalence）
倫理道德（ethics）
演變進化（evolution）
開發利用（exploitation）
探索（exploration）
公平（fairness）

自由（freedom）
友誼（friendship）
和諧（harmony）
榮譽（honor）
互動；交互作用（interactions）
相互依賴（interdependence）
詮釋（interpretation）
發明（invention）
正義（justice）
解放；自由（liberty）
忠誠（loyalty）
成熟（maturity）
情緒（mood）
行動；運動（movement）
需要和想要（needs and wants）
秩序；順序（order）
組織；機構（organization）
部分與整體（parts and wholes）
愛國主義（patriotism）
形態；模式（patterns）
堅持毅力（perseverance）
觀點（perspective）
偏見（prejudice）
生產／消費（production/consumption）
關係（relationships）
更新；再生（renewal）
重複（repetition）
表徵（representation）
革命（revolution）
節奏韻律（rhythm）
結構與功能（structure and function）
供應和需求（supply and demand）
生存；存活（survival）
共生（symbiosis）
系統（systems）
專制統治（tyranny）

在決定為教學單元選擇哪個大概念時，請記得：沒有所謂「正確的」選擇。這個選擇應該支持你達成預定的課程標準目標，並且反映出你想要強調的那個大概念或重要想法。舉例來說，某個英語語文藝術（English language arts, ELA）教師團隊曾考慮要將論證寫作單元架構成對**觀點**、**平衡**或**說服力**的研究——但最終決定是對**技藝**的研究，因為他們想要強調「論證的技藝需要精雕細琢和寫作技巧」這個想法。一位藝術史老師同樣在考慮以不同的方式來架構印象主義單元，但最後決定選用「印象主義：對**革命**的研究」，因為他覺得**革命**最能抓住他希望學生理解和記得的中心思想：印象主義派畫家「推翻了」先前建立的繪畫模式，取而代之的是風格和題材截然不同的繪畫模式。

請注意，以大概念和主題為中心來架構學習的這個想法，不應該只局限於教師，我們在下一章會告訴你如何使用這個工具，讓**學生**也參與找出大概念和主題的過程，以整合他們在課堂上所學到的事實資訊。

》 概念文字牆

另一種讓課堂教學聚焦在大概念的簡單方法是創造一面概念文字牆。創造概念文字牆的方法，首先是確定這個學習單元將要聚焦強調的概念、主題或過程技能，並將它們張貼在牆面或布告欄上。你選擇的字詞可以是該單元特定的概念，也可以是與你所教的學科整體相關的概念，或者是跨學科連結的更大概念。理想上，你的牆面應該包含以上這三者。舉例來說，食物概念網的文字牆可能包括該食物單元的特定概念，像是**生產者**和**消費者**；更廣的科學相關概念，像是**生態系統**和**能源**；以及普遍概念（universal concepts），像是**再生**和**循環**。

將核心概念文字牆張貼在一個容易看到的地方，有助於在教學時把它們放在大腦最前面與最中心的位置，同時也能讓學生意識到那些重要

的，必須定義、關注和深入理解的大概念。這些字詞一旦掛上了牆面，就要經常提到它們並與之互動——而且要鼓勵學生也這樣做。告訴學生文字牆上的字詞可以如何發揮宛如「概念魔鬼氈」的作用，將單元裡的事實和細節黏結在一起。查看（並要求學生查看）文字牆的內容，將特定細節或具體例子連結到更大的概念，加上定義，並找出不同概念之間的連結關係。以這種方式運用概念文字牆，有助於促進學生發展對於個別概念和整個單元主題的理解。

》 核心問題

圍繞重要概念想法架構課程的第三種方法是使用核心問題（EQs）。核心問題是開放式問題，反映出我們希望學生理解的大概念。核心問題不是為了產出單一或最終的「正確」答案，而是為了激發思考、引發討論和辯論，以及提出更多其他的問題來做進一步的探究。因此，核心問題支持現代教育的一個首要目標，也就是「喚醒心智，而不是『塞滿』或『訓練』頭腦」（Wiggins, 1989, p. 46）。

底下列出一些核心問題應用在不同學科領域的例子（McTighe, 2016）。請注意，以這樣的核心問題組織你的課程，可以如何鼓勵學生探索——並確保教與學都持續聚焦在——核心概念，而不是分立瑣碎的事實和細節。

- 舞蹈：動作能以什麼方式引發情感共鳴？
- 地理：我們住在哪裡會如何影響我們怎麼生活？
- 政府：我們應該如何在個人權利和大眾福祉之間取得平衡？
- 健康／營養：我們應該吃什麼？
- 歷史：這是誰的「故事」？

- 樂器演奏：如果練習可以造就完美，那什麼能造就「完美的」練習？
- 文學：虛構的故事小說能否揭露真理？到何種程度？
- 數學：什麼時候「正確的」答案並非最好的解答？
- 閱讀／語文藝術：你如何讀出字裡行間的言外之意？
- 科學：科學和常識之間有什麼關聯性？
- 視覺表演藝術：藝術如何反映並且形塑文化？
- 寫作：厲害的作家會如何吸引和留住讀者？

因為核心問題是與大概念——抽象、可遷移的概念和過程——相連的，所以它們應該要每隔一段時間就提出來探究討論。當學生思考這些問題，討論不同的「答案」，並且再重新思考他們一開始的回應，他們就是在建構意義和深化對於相關學科內容的理解。隨著時間推移，當學生的理解逐漸深化，我們期望他們的回應會變得越來越精細複雜，越來越有清晰的推理思考。

產生核心問題的策略很多，最簡單的一種策略是找出你希望學生發展的一個大概念理解，然後提出一個或更多個相關的核心問題，如圖表1.2 所示。

開始將核心問題納入你的教學工具箱之時，記住 McTighe 和 Wiggins（2013）在《核心問題：開啟學生理解之門》提及的這些訣竅會有所幫助：

1. 每個單元運用二到四個核心問題來決定學科內容的重要優先順序，讓學生能將學習焦點放在少數幾個大概念上。
2. 在教室明顯之處張貼你的核心問題，經常提醒學生注意它們的重要性，並鼓勵學生不斷回來探究這些問題。

為深度學習而教｜促進學生創造意義的思考工具

大概念理解	可能的核心問題
真正的友誼展現在共患難的時候，而不是共享樂的時候。	誰是「真正的朋友」？你要如何知道？
動作完全伸展時，所造成的肌肉收縮會產生更大的力量。 順勢完成動作會增加準確度。	你要如何用更大的力量擊球而不讓球失去控制？
統計的分析和呈現通常會顯示資料的趨勢／模式，讓我們有信心預測未來走向。	你可以預測未來會發生什麼事嗎？ 信心水準是多少？
不同文化和不同時代的偉大文學作品會探討恆久存在的主題，揭露人類生活情況不斷重複出現的面向。	來自其他地方和時代的故事，跟我們會有什麼關係？
人類同時處理口語和非口語的訊息。 當口語和非口語訊息一致時，溝通會變得更有效。	造就傑出演說家的條件是什麼？ 一場精采的演講如何能傳達「比言語還多」的訊息？

3. 以對學生友善、適合他們年齡的語言來提出核心問題，考量學生發展的複雜層級和經驗，盡可能讓核心問題易於理解、與學生切身相關、有吸引力。

4. 提出跟進追問的問題，以維持和推進學生的思考——比如：**因為……？你這麼想的證據是什麼？誰有不同的想法？你會對不同意的人說什麼？**

最後一點提醒：練習提出核心問題並非專屬於教師的工作。因為現代教育尋求的是讓學生投入意義創造，成為自我導向的學習者，所以也應該鼓勵學生提出他們自己的問題——並且透過主動的探究來找出答案。

結語

　　在這一章，我們充分說明了現代課程何以應該聚焦在我們希望學生逐漸達致理解的重要概念。但圍繞大概念為中心來設計教學只是開始而已，如果我們的目標是讓今日的學生準備好面對未來在教室內外會遇見的挑戰，我們需要思考的就不只是什麼東西值得教，還要思考我們如何幫助學生理解他們取得的資訊，並且將所學應用到新的情境。幫助學生發展必備的思考和意義創造技能的有效方式是把這些技能融入到你每天的教學設計當中，而第二到第八章的工具和策略，以及第九章的教學計畫過程，將會讓你有能力達成這些目標。

2 概念化

概念化：是什麼？為什麼？

在第一章，我們鼓勵你「往大處想」（think big）——找出你所教的學科內容裡的大概念和概念性理解，並且以這些大概念和理解為中心來架構教學。這一章的目標是幫助學生也開始思考大概念。當我們說要教導學生「往大處想」，我們的意思不只是讓他們意識到課堂上習得的事實知識可以結合成更大的概念和理解，更是要幫助他們自己「加總」事實知識，自己建構出那些更大的理解。這項技能——利用事實、例子、觀察和經驗來建構對於重要概念和概念關係的理解——就是我們所說的**概念化**（conceptualizing）。

以核心概念為中心架構教學，並且幫助學生學會自己建構意義有雙重的好處。第一，概念性思考能夠激發學生主動創造意義，產生深度的學習；透過讓學生把原本看似隨機散布的一堆事實整合到更大的概念傘（conceptual umbrella）底下，概念性思考能幫助學生理解和記憶保留更多他們在課堂上所學的東西。第二，教師沒辦法老是陪在旁邊指出和強調哪些東西很重要是學生必須理解的，在高等教育和「真實世界」裡，學習者必須能夠靠自己推導出重要的理解（「這裡有什麼大概念？」），並獨立自主的遷移應用這些理解到新的情境當中。我們現在

幫助學生發展概念化技能，就是在訓練他們具備能力做到這件事情。舉例來說，請想想一個學生在生物課理解了**生物需要水才能生存**，之後他要如何將這個概念理解應用到不同的學科領域——比如，用來預測一切事物，從旱災的影響（生態學／社會領域）和水汙染的影響（生態學／農業／社會領域），到移民和遷徙的模式（歷史／地理），到透過歷史來看控制水資源的重要性（歷史／地緣政治學）。

概念化：怎麼做？

從種種觀察和例子當中形成概念和通則化的過程，對人類來說就像呼吸一樣自然。它是我們心智運作的方式，即使是很小的孩子也會自然而然的尋找規律的模式、形成概念、推導歸納通則，以幫助他們詮釋和理解周圍的世界。想像一下，一個蹣跚學步的幼兒是如何在父母指點的各種紅色物品當中找出它們的共通性，終於理解了紅色的概念。或是稍大一點的孩子如何從種種例子當中推論出：生日和蛋糕、蠟燭及禮物之間存在著關係。

儘管學生天生就有這種推導歸納概念的能力，但當教師試圖在課堂上實施概念為本的教學方法時，學生往往會遇到困難。因為從各種例子形成概念以及將概念連結起來形成通則的過程是抽象的，而且往往是無意識的，所以學生未必知道如何按照老師的要求命令來執行這些思考過程。再加上，學生在學校裡通常不會被要求做這種歸納思考，使得這個問題更加複雜；在傳統的教學模式裡，教師通常是**講述帶過**（cover）——而不是要求學生去**挖掘發現**（uncover）——概念的定義和理解。

好消息是，透過建立能夠培養概念性思考的課程，並針對你的教學做好組織安排和搭建鷹架，讓相關的思考過程對學生來說更加明確和易

於掌握，你可以克服這些困難挑戰。以下這五種教學工具能夠幫助你實現這些目標：

1. **概念獲得**（Concept Attainment）：要求學生比較「例子」（example）和「非例子」（nonexample），找出區別兩者的關鍵屬性，從而自己定義核心概念。

2. **概念定義圖**（Concept Definition Map）：使用組織圖來幫助學生建構和清楚表達概念的定義。

3. **對 _____ 的研究**（A Study In ...）：讓學生以概念層次來處理事實資訊，要求他們將某一主題或文本裡找到的種種事實整合到更大的概念傘底下。

4. **加總事實**（Adding Up the Facts）：向學生示範如何分類相關的事實和細節，從而推導出更大的理解和通則。

5. **連結概念**（Connect-the-Concepts）：教學生如何連結幾個核心概念，以形成有事實和例子支持的通則。

》 概念獲得

以核心概念為中心來組織教學和幫助學生深入理解這些概念的價值再清楚不過，有時候比較不清楚的是**如何**幫助學生發展這種層級的理解。教師自然的直覺──「教概念就像教字詞彙，只是提出教科書裡的定義，然後再用小考測驗孩子們是否記得這些定義」（Stern, Ferraro, & Mohnkern, 2017, p. 53）──根本行不通，因為理解一個概念遠比知道一個簡單、表面的定義要複雜得多。

概念獲得，是建立在 Jerome Bruner（1973）的著作基礎上，鼓勵教師使用不同的方法──歸納法──來幫助學生發展對於重要概念的深入

理解。教師不是**替**學生定義概念，而是挑戰學生透過比較「例子」和「非例子」來找出關鍵的屬性，進而自己定義這些概念。對學生來說，從各種例子當中提取屬性的過程是有趣好玩的，因為它很類似「扮演偵探」；它也是有效的，因為它摹擬我們天生自然達致理解和定義新概念的方式。

概念獲得的教學步驟，搭配自然科學的教學流程示例，如下所述。

1. 找出你想要學生深入理解的一個概念，這個概念應該至少具有一個明確的關鍵屬性。你可以在這堂課開始時就說出這個概念的名稱，或是等到課堂結束時再揭曉答案。

   例：一位自然科學老師利用概念獲得來發展學生對「**掠食者**」（predator）的概念理解，但是老師並沒有告訴學生目標概念是**掠食者**，而是說他們接下來要設法找出一個「神祕概念」的相關屬性。

2. 開發這個概念的「例子」和「非例子」。「例子」應該包含（並設計來幫助學生發現）關於這個概念的所有關鍵屬性。「非例子」可以包含某些關鍵屬性，也可以不包含任何關鍵屬性。

   例：為了幫助學生掌握掠食者的概念，老師開發了一些「例子」，包括獵豹、老虎、殺人鯨和老鷹。「非例子」則包括樹獺、無尾熊、牛和雷龍。

3. 提出一些例子，挑戰學生找出這些「例子」有什麼共同點，以及它們與「非例子」之間的區別。要求學生運用他們的比較分析來發展出這個概念的關鍵屬性的暫定清單。

   例：在注意到「例子」是速度快的肉食性生物，而「非例子」是速度慢的草食性生物之後，學生將「速度快」和「肉食性生

為深度學習而教｜促進學生創造意義的思考工具

物」列入可能的屬性清單裡。

4. 提供其他的「例子」和「非例子」。要求學生用這些例子來驗證和修改他們的關鍵屬性清單。

　　例：老師在「例子」中添加了螳螂和捕蠅草，在「非例子」中添加了兔子和禿鷹。知道螳螂是「例子」，這支持「肉食性生物」的想法，但也使得學生從屬性清單刪除了「速度快」。禿鷹這個新的「非例子」幫助學生進一步修改他們的思考，並且在屬性清單中增加「殺死要吃的動物，而不是食用已經死掉的動物」。

5. 幫助學生回頭檢視所有的例子，並發展出一個最終的、準確的概念關鍵屬性清單。然後要求學生用自己的話來定義這個概念，利用課堂上的例子和屬性來幫助他們完成。

　　例：在回頭檢視了所有例子並幫助學生修改他們的想法後，老師揭曉他們一直在努力理解的概念是**掠食者**。然後，學生將**掠食者**定義為「殺死並吃掉其他動物的生物」。

6. 發展一項任務，要求學生應用和測試他們對這個概念的理解。

　　例：老師發給學生一份新的清單，裡面有不同的動物，要求學生辨識和決定哪些生物是掠食者。

　　概念獲得是一個多功能的工具，可用來幫助學生掌握各式各樣的概念——從小學的**民俗故事**（folktale）到圖像設計課的**對比**（contrast），再到化學課程的**疏水性**（hydrophobicity）。它也是一個可彈性運用的工具，因為「例子」和「非例子」可以採用任何形式，如圖片、文本、物體等等。舉一位小學老師為例，他運用了如圖表 2.1 的「例子」和「非例子」成對圖像，幫助學生推導、理解**對稱**（symmetry）的概念。

　　一位英語老師運用了如圖表 2.2 所示的「是一否」表格，幫助學生發現**擬人化**（personification）的概念。

圖表 2.2　概念獲得示例：擬人化的「是一否」表

是（是這個概念的例子）	否（不是這個概念的例子）
錢能說話，有錢能使鬼推磨。	錢有各種不同的面額。
這座城市慢慢從沉睡中醒來，並為這一天開始穿著打扮。	這座城市的人口在過去的 20 年裡幾乎增加了一倍。
這隻狗在主人過世的時候，因為孤單而嗚嗚哭了起來。	這隻狗在原來的主人過世以後，又有了一個新主人。
那些電線桿一直高舉雙臂很久了，他們一定累壞了。	那些電線桿真是這片原始大地上的汙點。
風好像很痛苦的呻吟著。	他的出現像熱天的涼風一樣受歡迎。

為了節省時間，建議查找現有的文本或材料作為「例子」和「非例子」，而不是從零開始創造例子。例如，歷史教師在設計幫助學生理解**第一手來源資料**有別於**第二手來源資料**的概念獲得教學時，就可以運用網路上找到的文件資料來當作「例子」和「非例子」。

》 概念定義圖

　　教師替學生定義概念所產生的理解程度，無法達到學生自己定義概念所產生的理解程度。可惜的是，許多學生並不知道如何擬定思慮周全且完整透澈的概念定義。概念定義圖（改編自 Schwartz & Raphael, 1985）可以解決這個問題，它運用如圖表 2.3 所示的組織圖，幫助學生理解和收集完善定義概念所需的各種資訊（亦即，這個概念是屬於哪個更大的概念分類、這個概念的例子及其關鍵屬性——尤其是區分這個概念與同一分類底下其他概念的關鍵屬性）。完成組織圖的歷程，可以訓練學生運用他們自己的話來擬定既詳細又具有個人意義的概念定義，圖表 2.3 呈現的**勇氣**定義就是例證。

　　概念定義圖可以用來幫助學生加深對諸如**勇氣、戰爭、英雄**或**友誼**等熟悉概念的理解，也可以用來幫助學生發展對學科特定概念的理解——例如**哺乳類動物、寓言、浪漫主義、平行四邊形**或**論證寫作**（argument writing）。不管是哪種情況，建構出初步的定義都不應該是終點。隨著時間進展，教師應該鼓勵學生根據他們遇到的新例子和新資訊來修改和調整他們的概念定義，並且運用他們所發展的定義來對照了解和評估未來的學習（例如，我們正在學習的這個新人物是否展現出**勇氣**？我們正在研究的這場衝突實際上是一場**戰爭**嗎？）。學生也應該被教導獨立使用這項工具——就算不是實際的組織圖，至少也要運用其中的想法。訓練學生發展或測試自己對於新學到的概念的理解，方法是要求他們試試看自己能否建構出可含括概念定義圖裡所有元素的定義。

圖表 2.3 勇氣的概念定義圖

這個分類底下
的其他項目：　　這個名詞所屬的分類：　　關鍵屬性：　　　　　詳細的定義：

慷慨
幽默
獨立
可靠

正向的
人格特質

勇氣

例子：

－即使害怕，仍然在全班面前發聲說話
－羅莎・帕克斯拒絕讓座給白人乘客
－太空人進入外太空

不會被你的恐懼
阻擋了行動

堅持熬過各種挑戰
（心理上或實質上）

就算很困難也要為
正確的事站出來

願意探索和嘗試
新的事物

勇氣是正向人格特質的一個例
子，其他的例子包括幽默和慷
慨。勇氣代表的是你不會讓恐懼
或困難阻止你，不管如何你都會
繼續往前進。勇氣也意味著你
願意跨過適適去嘗試新事
物。羅莎・帕克斯（Rosa Parks）
展現她的勇氣，站出來對抗公
車司機。尼爾・阿姆斯壯（Neil
Armstrong）登上月球，展現他的
勇氣。但是，你不需要做大事才
能展現勇氣，你能克服害怕在全
班面前發聲說話，就是有勇氣。

資料來源：引自 *Tools for Conquering the Common Core: Classroom-Ready Techniques for Targeting the ELA/Literacy Standards* (p. 117), by H. F. Silver and A. L. Boutz, 2015, Franklin Lakes, NJ: Silver Strong & Associates/Thoughtful Education Press. © 2015 Silver Strong & Associates.

✏️ **為深度學習而教**｜促進學生創造意義的思考工具

》 對＿＿＿＿＿的研究

在第一章，我們提出「對＿＿＿＿的研究」這項工具，讓**教師**可以用來架構以更大、更普遍的概念（相對於簡單的標題）為中心的教學單元。這項工具同樣也可以用來幫助**學生**找出廣大概念和中心主題，以統整、聚焦和解釋他們正在學習的內容。透過幫助學生以更大的概念來看待事實知識，這項工具可以訓練學生做概念化的練習。

以此方式運用這項工具時，請挑戰學生回頭檢視他們所學過有關某個標題或文本的事實知識，並找出一個可以將這些資訊連結在一起的更大概念或中心主題。邀請學生完成以下的句子來分享他們的想法：

我把　　（標題／文本）　視為對　（概念）　的研究。

我認為（標題／文本）　是對　　（概念）　的研究。

然後要求學生用適當的事實和例子來解釋並支持證明他們的選擇。訓練學生在「對＿＿＿＿的研究」的後面加上「**因為**」，這個簡單的方式可以確保學生記得要使用證據來支持自己的陳述。以下是一些例子：

- 我把**水循環**視為對**再生**的研究，因為……。
- 我把**哈姆雷特**視為對**猶豫不決**的研究，因為……。
- 我把**我們的社區**視為對**合作**的研究，因為……。
- 我認為**等式**是對**平衡**的研究，因為……。
- 我認為**循環系統**是對**運輸**的研究，因為……。

鼓勵學生選擇更廣大、更普遍通用、強調更大意義或訊息的概念，因為相較於狹隘或表面的概念，這樣的概念能激發更深入的思考和學習。想一想，如果學生從鐵達尼號沉沒的一堂課裡，提取出來的概念是對傲慢的研究，而不是對冰山的研究，那他們能從中獲得多少更重要的

意義啊！不過，要根據更大的概念來架構學科內容可能是極大的挑戰，所以你可以從要求學生先練習熟悉的標題或文本開始，比如：某個暑假可以視為對**機會**的研究，而《青蛙和蟾蜍好伙伴》（*Frog and Toad Together*）則可以視為對**友誼**的研究。

一旦學生開始處理「實際的」內容，請嘗試給他們幾種概念去做選擇，而不是要求他們從零開始思考、想出概念（見第 11 頁，圖表 1.1 各種可能的概念清單）。例如，在美國民權運動單元結束時，你可以給學生以下的選擇：「你認為民權運動是對**堅持毅力**的研究、對**改變**的研究、對**衝突**的研究，還是對另一個不同概念的研究？」提供學生多種概念的選擇，除了激發學生思考之外，也強化了這樣的想法：並沒有單一正確的方式來架構與界定一個學習單元裡的種種資訊——只要有支持的證據，任何選擇都是可以的。

邀請學生以更大的概念來看待課堂學習內容，透過要求學生以深入且個人的方式處理和組織新素材，促進學習理解和記憶保留。這項工具鼓勵學生提取更廣大的意義和訊息，而非只是記住事實。它同時也促進連結和遷移應用，換言之，它幫助學生記憶和思考超越事實之外的事物。例如，將民權運動視為對堅持毅力的研究，肯定會有助於學生記住關鍵的人物和事件，但也可以幫助學生體認到這個可遷移應用的概念：堅持毅力對於**任何的**掙扎奮鬥，無論是個人或集體的掙扎奮鬥，都是非常重要的。

》》 加總事實

當我們提及教導學生多做概念性思考，指的是教導學生改變他們思考課堂上學得的事實資訊的方式，不是將事實視為需要記憶背誦的內容，而是用以建構重要理解的原始材料。因為「往大處想」的技能——

把事實放在一起以看到更大的概念、連結和關係—— 一開始對學生來說可能充滿挑戰，所以這是一個需要好好練習和鷹架協助的技能。

　　加總事實（McTighe, 1996a）是提供鷹架協助的工具，透過邀請學生運用一小部分精心挑選的事實來推導出這類的理解。要使用此策略，首先要確認值得發展的理解是什麼（「我希望學生理解＿＿＿＿＿」）。接著創造一些可以讓學生自行建構出這個概念理解的事實陳述句。呈現這些陳述句給學生看，並詢問他們：把這些事實「加總」起來，可以推論出什麼或得到什麼結論。

　　圖表 2.4 顯示的是一位社會老師如何在西部擴張單元的某部分運用這項工具，幫助學生從一系列簡單的事實當中提取出更大的概念理解。

圖表 2.4　加總事實：社會領域

許多開拓者，特別是小孩，死於疾病。

開拓者必須自己種植或狩獵食物。他們常常會挨餓。

要在新土地定居，需要做許多艱辛的工作——如清理田野、建造避難所等等。

+　開拓者面臨美國原住民族的攻擊，因為他們行經或定居在原住民的土地。

開拓者在墾殖移居美國西部的過程中，面臨許多困難。

　　在適當的時候，請協助學生將他們的結論轉換成具有更大遷移應用價值的結論，透過修改用字遣詞，讓這些句子變得比較不限縮在特定的情境。以圖表 2.4 為例，我們可以將結論改寫成：**開拓者面臨許多挑戰和困難**。如此一改，我們得到一個更普遍適用的關係聲明，不再只針對

美國西部擴張時期的情境，而是可以在（最終並可遷移應用到）其他情境下進行驗證，例如，除了美國西部以外，學生可以在學習其他地方的殖民和遷移定居的情境，驗證這個通則是否仍然成立。同樣的通則也可以幫助他們發現和理解完全不同的情境或學科領域的內容——例如，幫助他們預測和體會科學界、產業界或女權運動的開拓者所面臨的困難和挑戰。

值得注意的是，學生加總的各項事實未必都要以陳述句或句子的形式呈現，圖像、資料表、觀察紀錄和引用語錄也同樣適用。而且，這些事實也未必都需要由你來創造或提供。圖表 2.5 的例子示範的是小學一年級學生如何透過植物生長實驗和記錄他們的觀察結果，自己創造了一些事實。然後，他們全班合作，把這些事實加起來，得出「植物需要光才能生長」的概念理解。

圖表 2.5　加總事實：自然科學

我們觀察到什麼？

- 放在櫃子裡的植物死掉了。
- 靠近窗邊的植物長得很好。
- 我們放在燈下方的植物還活著。

把這些事實加起來，我們學到什麼？

- 植物需要光才能生長。

為深度學習而教｜促進學生創造意義的思考工具

如果學生在加總事實上需要協助，你可以給他們一些重要的概念詞，是會出現在你希望學生產生的理解當中的語詞（例如，圖表 2.4 例子當中的**開拓者**和**困難**），並指示他們將這些概念詞整併到自己加總之後得出的句子裡。另一個協助的鷹架則是「把這項工具上下顛倒過來」——換言之，先給學生一個大概念，並要求他們收集支持這個大概念的事實。如圖表 2.6 所示的「大 T」組織圖，就非常適合此目的之用。

圖表2.6　大T組織圖

夜晚的良好睡眠對於良好健康是基本必需的。

- 睡覺的時候我們的身體會自我修復。
- 睡眠會帶給我們體力，讓我們撐過一整天的活動。
- 小孩需要很多睡眠，這樣他們的骨骼和肌肉才能生長。
- 作夢有助於大腦分類我們的記憶和想法。

資料來源：引自 *Classroom Curriculum Design: How Strategic Units Improve Instruction and Engage Students in Meaningful Learning* (p. 32), by H. F. Silver and M. J. Perini, 2010, Franklin Lakes, NJ: Thoughtful Education Press. © 2010 Thoughtful Education Press.

》 連結概念

幫助學生了解那些架構在你的課程底下的各個概念，對於教導他們組織和理解目前正在學習的知識有很大的幫助。不過，幫助學生理解**一個概念和另一個概念之間**的關係以及**幾個概念之間**的關係也很重要。

連結概念〔改編自 Silver 和 Boutz（2015）的研究，並參考 Erickson、Lanning 和 French（2017），以及 Stern 等人（2017）的做

法〕就是要讓學生實際理解這些關係，方法是要求學生連結兩個或多個概念來形成通則——由他們學到的事實知識所支持的通則。例如，在「物競天擇」單元的結尾，教師可以要求學生運用他們學過的事實來幫助他們找出和描述以下概念之間的連結關係：**生物體、環境、適應和生存**。學生可能會將這些概念連結起來，形成以下的通則：「**生物體**能夠**適應**生活**環境**的程度會影響其**生存**。」

通則是很有用的，因為它們把諸多事實整合在更大的理解之下，而這些理解通常可以遷移應用到新的情境。上述的通則就是一個很好的例子，無論你談論的是生物學、人類學、文學或歷史人物、商業，環境、適應和生存之間的關係都是一種值得理解的、有用的關係。在生物學的情境，理解這種關係將使學生能夠預測環境的變化如何影響生物體的生存——例如，氣候變遷如何影響地球上北極熊的數量。在生物學領域之外，理解同樣的關係將使學生能夠分析和解釋黑莓公司（BlackBerry）之所以衰敗的原因，它曾經是盛極一時的智慧型手機公司，卻因為未能適應 iOS 和 Android 操作系統的崛起及消費者期望的改變而停產。

運用連結概念這項工具，涉及五個步驟：

1. 提出一個問題，要求學生思考某個主題、文本或學習單元當中兩個或多個概念之間的關係。

   例：在「大航海時代」（Age of Exploration）單元情境裡，你可以詢問學生是否看到**科技**和**探索**之間有任何關係。

2. 提供可以說明這種關係的學習經驗和材料（例如課堂教學、文本、示範、動手做活動），讓學生自己去發現這種關係的本質。

   例：為了幫助學生發現科技與探索之間的關係，你可以讓他們閱讀有關大航海時代創新科學技術的文章。

3. 挑戰學生在一個句子裡把不同的概念連結起來，並描述說明這些概念之間有什麼關係。提供如 32 頁圖表 2.7 所示的「連結字詞」（connection words）清單可能會有幫助。

   例：「航海**技術**的進步使人們能夠<u>探索</u>新的地方。」

4. 要求學生運用他們所學的事實或例子來支持或進一步解釋他們找到的關係。

   例：「許多領域的進步，包括地圖繪製、造船和導航科技，使得探險家能夠旅行到比以往更遠的地方。例如：……。」

5. 給學生機會——立即或在學年當中——運用新例子和情境來重新檢視和驗證這種關係。這個通則在更廣的例子和情境中是否仍然成立？鼓勵學生依他們新學到的事物，視需要來修改他們陳述的句子。

   例：看到科技的進步促發歷史上多個時期的種種探索（例如在太空競賽期間），幫助學生發現他們找到的關係並非航海技術或大航海時代所特有的。因此，他們用更廣泛的通則取代了原來的關係陳述句：「**科技**的進步使得人們能夠<u>探索</u>全新的領域。」

幫助學生了解：基於有限的例子來推論、歸納通則，其實是有風險的，同時也要幫助他們體認到自己的想法總有例外或限制的重要性。像圖表 2.7 的組織圖表可以幫助學生在學習過程中表達他們的想法。這個組織圖表顯示的是，當學生被要求運用某一本小說來連結**場景**（setting）、**人物**（character）和**情節**（plot）等概念之間的關係時，他們可以如何利用這個組織圖表來幫助自己思考、表達想法。

主題、文本或單元：傲慢與偏見

問題：一個故事的「場景」跟它的「人物」或「情節」之間，有什麼關係？

回應／陳述關係的句子（在連結的字詞底下畫線）：
故事的場景形塑人物的想法和行動／情節。

說明（運用細節來解釋或進一步描述這個連結關係）：

班奈特太太——尤其是她對於婚姻的處心積慮——是絕佳的例子，可用來說明故事的場景會形塑和影響一個人物的想法和行動。在這部小說所設定的時空裡，女性，像班奈特太太的女兒們，如果自己本身並不富有，就必須嫁給富有的老公，才能擁有好的生活。這也就是為什麼班奈特太太一直都「把婚姻放在心上」，並且不斷反覆嘗試相同的步驟，想把女兒們嫁出去。

連結字詞：如果這些字詞有助於你描述這個連結關係，請盡情使用！如果沒有幫助，就使用你自己的字詞。

引起或導致	幫助或有所貢獻	建立	解釋或澄清
激起或觸發	揭露或展現	表達	處理或解決
影響或形塑	建議或支持	反思	需要或視…而定
改變或增添色彩	挑戰或反對	轉變	合作
使…能夠或允許…	增加或減少	決定	具有…的特徵
在…之前或接著	促進或提升	規範控制	預兆或預言
製造或創造	影響或指引	顯示	代表或象徵

想要成功使用這項工具，重要的是從值得讓學生理解的概念關係開始——最理想的是可以遷移應用在多種例子和情境的概念關係，並且發展出能夠讓學生自己發現這種關係的教學素材和學習經驗。如果學生遇到困難，請抗拒想要直接告訴他們這些概念之間有何關聯的誘惑。（記住，理解是必須靠自己掙來的！）取而代之，運用引導的問題來讓他們朝正確的方向思考。例如，為了幫助學生理解「**向外探索拓展經常會造成剝削利用**」（exploration often leads to exploitation）這個概念，你可以從展現、說明這種關係的文本和圖像照片開始。然後，為了引起學生對相關素材的注意，你可以提出像這樣的問題：**在這種情況下，原住民受到什麼樣的對待？這裡的情況又是如何？在這張照片中，這片土地受到什麼樣的對待？你看到什麼重複的模式嗎？**

引領學生進到能夠自己發展概念性理解的階段，需要一些準備工作。你可以介紹常見的「連結字詞」（見圖表 2.7 的例子），並讓學生在熟悉的項目而非複雜的概念之間建立連結關係，以此當作鷹架來強化這項能力。例如：

教師：你們可以想到，**梯子**和**高處**之間有什麼關係嗎？
學生：**梯子**<u>讓</u>人們能夠爬到**高處**。

學生一旦開始學習處理實際的學科內容，你可以給他們填空式的陳述句，並要求他們填入適當的連結字詞，而不是要他們從零開始自己造出關係陳述句（如：「科技的進步<u>使</u>人們能夠探索新的領域」）。提供一份常見的連結字詞清單會有所幫助，不管學生是處於技能建立階段還是已經可以書寫運用這項工具。你可以客製化圖表 2.7 的連結字詞清單，以滿足你班上學生的需要以及你希望他們找到的連結關係類型。

結語

　　生手和專家的差別之一是專家能夠進行概念性思考。概念性思考幫助學生將看似隨機散布的一堆事實和細節歸納整合在一個更大的概念架構底下。雖然概念化是人類天生自然的思考過程，但當教師實施這樣的教學方法時，許多學生會感到困難疑惑。本章介紹的實用教學工具讓這個核心基本的思考過程變得更清楚明白且易於掌控，教師可善加利用以增進學生的概念化能力。

3 做筆記和摘要總結

做筆記和摘要總結：是什麼？為什麼？

讓我們從一個簡單的思考實驗開始。請想像你置身於下列任何一個場景：

1. 你是大學的新鮮人。現在是九月，你正在上大學的第一堂課，聆聽第一場大學演講。你立刻就看出來你的教授熱愛這門課，但老天啊，她在一個小時之內說了好多好多的學科知識。你開始恐慌，覺得自己恐怕沒有能力學會所有這些內容。

2. 為了擴建房子，你正要開始面談幾位承包商。今天，你在面談第一位候選人，他滔滔不絕的解釋各種設計方案、不同價格變數，以及所有的電線、管道、暖通空調系統、地板和裝潢等等的考慮因素，而且牽一髮而動全身，一個決定會影響到其他許多的決定。這時，你的大腦開始旋轉：誰知道要為自己的家做決定會這麼複雜啊？你最好確定自己詳實清楚的了解這一切，畢竟，這是**你的**錢和**你的**房子。

3. 你被徵詢擔任學校教育委員會的委員，針對可能關閉學區內兩所招生不足的學校提出建言。教育委員會已經安排了兩次公開

聽證會，聽取各方利益人士的證詞，包括家長、學生、一些當地企業和相關納稅人團體的代表。顯然，為了向委員會提出思慮周全且有正當理由的建議，你需要仔細傾聽各種不同的想法和擔憂。

這三個場景呈現的是人們在學校、工作和生活中經常面臨的挑戰，但它們不是你無法處理的事情，對吧？現在，讓我們繼續這個思考實驗，如果像變魔術一樣從你身上拿走兩種能力：做好筆記的能力和摘要總結資訊的能力，你認為你現在成功的機會有多大？

這些簡單的場景有助於說明為什麼做筆記和摘要總結對於創造意義和發展扎實的理解是核心必要的技能（請注意，我們故意使用「做筆記」（note making）一詞，而不是比較常見的「抄筆記」（note taking），原因是，正如我們將要展示的，好的筆記是由學習者創造或做出來的，而不是簡單的抄寫或複製老師或文本的話語文字）。如果沒有做筆記的行為，資訊可能會顯得雜亂無章、多到快要將人淹沒。而如果拿走摘要總結的能力，你就很難鎖定任何東西，使得每一個小細節看起來都像最大的概念一樣重要。

摘要總結和做筆記顯然都是在學校和生活中取得成功必不可少的學習技能，它們的目標都是擷取、組織和整合重要的資訊，以澄清大概念和重要的細節。一般來說，做筆記的重點是擷取和組織透過聽、讀或看的管道接收到的輸入訊息，而摘要總結在本質上是更加整合性的，典型是**在**接收到一堆相關內容**之後**才會用上。不管如何，這兩種技能都需要積極主動的處理資訊，從而加深學生的理解。

研究顯示，摘要總結和做筆記對學生在各個年級和各種學科領域的學習都有正面的影響（Beesley & Apthorp, 2010），尤其是當教師直接教

授這些技能的時候（Boyle, 2013; Guido & Colwell, 1987; Rahmani & Sadeghi, 2011）。做筆記和摘要總結都能支持及強化各式各樣意義創造的活動，包括記憶和回憶資訊、為理解而閱讀、寫作前澄清想法、計畫和做決定、通盤思考任務的要求和如何採取行動完成任務，以及學習之後的測驗和強化閱讀理解。此外，做筆記和摘要總結都可以當作有效的形成性評量方式，因為它們讓學生的內在思考外顯，讓學生和教師都能明確知道學生是怎麼想的。

做筆記和摘要總結：怎麼做？

如果你仔細看本章開頭的三個場景，可能會注意到每一個場景都呈現一種明顯不同的挑戰：大學演講呈現的是**數量**或資訊超載的挑戰；房子擴建呈現的是**複雜度**的挑戰，因為擴建計畫的各個方面是相互關聯的，所以要好好理解某一方面，你就需要了解它與所有其他方面之間的關係。最後，公開聽證會主要是**整合性**的挑戰，要針對可能關閉的學校提出建議，你需要做的不僅僅是收集事實資訊，還需要仔細考慮各方利益人士的觀點，發展出對這些議題的細微理解，並將獨立分開的資訊片段整合成一個有意義的整體。

在本章後續的部分，我們將介紹六項實用且經驗證有效的做筆記和摘要總結的工具，可以協助解決教師常常遇到的問題，包括：學生逐字複製抄寫資訊，學生無法聚焦在最重要的想法上，以及學生無法歸納整合和理解資訊。經常使用這些工具可以幫助你創造一種班級文化，在學生面對大量資訊、資訊複雜度或需要將資訊整合成有意義的整體時，教導他們建構意義的方法，藉此培養建立學生做筆記和摘要總結的自在感與能力。茲說明這六項工具如下：

1. **窗形筆記**（Window Notes）：這項工具能幫助教師讓學生投入真正的**做筆記**（而不是**抄筆記**），鼓勵學生除了收集事實知識之外，還要提出問題、做出個人的回應和有趣的連結。

2. **數學筆記**（Math Notes）：教導學生如何分析、計畫和解決複雜的文字問題。

3. **互動式筆記**（Interactive Note Making）：提供學生一個清楚的流程，從他們閱讀和學習的資料裡提取最重要的資訊。

4. **網狀圖**（Webbing）：這種筆記形式提供學生非線性和視覺圖像化的方式來建構意義，並看到學習內容裡的大概念和支持細節之間的關係。

5. **4-2-1 摘要總結法**（4-2-1 Summarize）：運用協同合作的過程，幫助學生學習如何找出核心的資訊、建構一個主要想法和寫出一個精簡的摘要總結。

6. **AWESOME 摘要總結法**（AWESOME Summaries）：提供學生首字母組合詞 AWESOME 的檢核清單，以確保他們的摘要總結是清楚、準確且包含最相關的資訊。

》 窗形筆記

問問一個平常的學生（或大人）對自己做筆記的經驗有何看法，你得到的回應很可能是聳聳肩膀或「好─無─聊！」。但我們發現，這些回應都是基於一個迷思概念──寫筆記等於拷貝、複製資訊，這種做法除了無聊之外，也無法讓學生投入意義創造所需的那種主動處理資訊的過程。如果大多數的課堂強化了這個想法，筆記只是在練習照抄老師的筆記，或擷取、記下演講者和文本的話語文字，那麼學生會把寫筆記跟丟垃圾或清理房間視為同一類的事，應該也不足為奇。對太多的學生

來說，筆記不過是一種瑣碎的雜務。

　　窗形筆記（Silver et al., 2018）是一項可以幫助你改變這種動態的工具。這項工具教導學生了解複製抄寫筆記和真正**做**筆記之間有天壤之別，從而擴展學生對於什麼是筆記的理解。究其核心，這項工具是邀請學生在做筆記的過程中，主動積極的思考、表達好奇心（一種天生自然的動機），並且運用先備的知識和個人的感覺來幫助建構意義。學生利用一個窗戶形狀的組織圖來協助他們收集四種不同類型的筆記：

1. **事實**（facts）：重要的事實和細節是什麼？
2. **問題**（questions）：我想到什麼問題？我好奇什麼？
3. **連結**（connections）：這跟我的經驗或其他我所學過的有什麼關係？
4. **感覺和回應**（feelings and reactions）：我對正在學的東西有什麼感覺？

　　請看看圖表 3.1 的窗形筆記，這是一個四年級學生看過一部龍捲風影片之後做出來的筆記。

　　在介紹窗形筆記時，請幫助學生了解這四種類型的筆記不同的價值，向學生解釋記錄事實能幫助學生記得關鍵資訊；提出問題可以讓他們澄清不確定之處和練習運用他們的好奇心；表達感覺和回應會讓學習變得個人化；建立連結則是鼓勵學生善用他們的先備知識。同樣重要的是，學生也要體認到不同的學習者會有不同的筆記偏好，向學生說明雖然每個人都可以有不同的偏好，但每一種類型的筆記都有其價值，鼓勵學生都要產出這四種類型的筆記，即使有些類型的筆記不像其他類型的筆記來得那麼自然容易。讓學生逐漸養成超越基本事實的思考習慣，尤其是超越抄寫筆記那種暗中造成傷害的拷貝做法，你可以透過給他們更多——而且更投入的——處理新學習內容的方式來發展他們的意義創造能力。

事實	感覺和回應
● 龍捲風是旋轉的管狀氣柱，從天上的雷電積雨雲延伸到地面。 ● 當暖濕空氣遇上乾冷空氣，會形成龍捲風。 ● 龍捲風的風速可以高達每小時 300 英里。	● 龍捲風真的很可怕！我不知道它們可能造成多少破壞！
問題	連結
● 他們如何在龍捲風裡面測量風速？ ● 為什麼龍捲風不會持續狂掃下去？是什麼讓它們停止的？	● 爸媽看電視新聞時，我看到了龍捲風的報導，有一些人在哭，因為他們的房子被吹走了。 ● 龍捲風讓我想到早上上學的時候，我要趕著做好多好多的事情，感覺我好像以每小時 300 英里的速度在旋轉一樣！

資料來源：引自 *Tools for Classroom Instruction That Works: Ready-to-Use Techniques for Increasing Student Achievement* (p. 161), by H. F. Silver, C. Abla, A. L. Boutz, and M. J. Perini, 2018, Franklin Lakes, NJ: Silver Strong & Associates/ Thoughtful Education Press and McREL International. © 2018 Silver Strong & Associates.

》 數學筆記

　　窗形筆記的一種變形稱為數學筆記（Silver, Brunsting, Walsh, & Thomas, 2012），它使用相同四個窗格的形式來發展學生解決具有挑戰難度的文字應用題的能力。文字應用題常常讓學生感到挫折，因為它們結合了閱讀和數學技能。學生老是試著直接跳去解題，而不是專注思考題目要求他們做些什麼。數學筆記可以讓學生慢下來，教他們如何運用

數學推理的基本元素來澄清、分析和解決複雜的文字應用題。具體來說，學生運用數學筆記組織圖的四個窗格來：

1. 找出題目裡的**事實**，包含他們必須自己弄清楚的缺失資訊；
2. 澄清這個題目究竟在問什麼**問題**，並找出題目裡是否有任何暗示、未直接明說的「隱藏問題」；
3. 繪製這個題目的視覺化**圖解**；
4. 完整思考解決這個問題所需要的**步驟**。

　　在實際解題之前，學生要做完上述這些事情，使得他們的理解更深入、計畫更清楚、解題方式更有可能是正確的。圖表 3.2 是一個學生的數學筆記，請注意在筆記過程中，每一個窗格是如何引導學生更深入理解文字應用題以及如何用最好的方式來解題。

》 互動式筆記

　　互動式筆記（Boutz, Silver, Jackson, & Perini, 2012）是以經典的 SQ3R 閱讀策略──瀏覽（Survey）、提問（Question）、閱讀（Read）、背誦（Recite）、複習（Review）──為基礎（Robinson, 1946）。這項工具幫助學生從他們閱讀的文本中提取重要的訊息並建立深入的理解，它也訓練學生預覽文本找到重要訊息的重要技能，在閱讀前先建立這個文本主要是在談什麼的意識──研究顯示，這個習慣常常是區別高效讀者和普通讀者的指標（Pressley, 2006）。不過，好處不止於此：這項工具也有助於建立重要的學習和自我監控技能。要運用這項工具的強大力量，請遵循這些步驟：

羅斯福小學有六個四年級班級。所有班級都有 24 個學生，除了一個班級有 25 個學生。所有四年級學生都要去動物園校外教學。如果一輛廂型車可載 8 個學生，一輛公車可載 45 個學生，請決定需要多少輛公車和多少輛廂型車才能把所有四年級學生載送到動物園。

事實	步驟
事實有哪些？ - 廂型車載 8 個人 - 公車載 45 個人 少了什麼資訊？ - 四年級學生的總數 - 四年級需要的廂型車和公車的數量	我們可以用什麼步驟來解決這個問題？ - 找出有多少人要去校外教學。 - 看看有多少人可以擠進公車裡，因為公車可以載比較多人，而且車輛比較少的話，比較不會汙染環境。 - 把剩下的人安排到廂型車。 - 數一數使用了多少輛車子。
問題	圖解
需要回答的是什麼問題？ - 這個年級需要幾輛廂型車和公車？ 有任何需要回答的隱藏問題嗎？ - 有多少人要去校外教學？ - 車上有空位置也可以嗎？ - 每輛車都要載滿人嗎？	我們怎麼樣用圖畫來表示這個問題？ 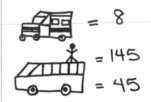

解答

資料來源：引自 *Note Taking to Notemaking: How Making Notes and Summarizing Strengthen Student Learning* (p. 11), by Thoughtful Education Press, 2007, Ho-Ho-Kus, NJ: Author. © 2007 Thoughtful Education Press.

1. 教學生如何主動預覽他們負責閱讀的章節：檢視章節的標題、開頭和總結的段落、主題句、粗黑體標示的字詞、圖像照片和章節最後的回顧複習問題。

2. 要求學生（或跟他們一起）把每節的標題或次標題轉換成一個問題，然後將這些問題記錄在「問題」的欄位（見圖表 3.3）。

3. 當學生閱讀這一章時，鼓勵他們在心裡問這些問題，並收集回答這些問題的筆記。

4. 當學生完成閱讀和做筆記，指導他們把表格摺起來，讓問題露在外面可被看見，但他們的筆記藏在裡面，用以檢核自己的理解和閱讀內容的記憶保留。學生應該能夠不偷看筆記的回答每一個問題。

5. 要求學生打開表格，對照他們的筆記來檢核他們的答案。學生應該主動評估自己的理解狀況，可以透過這三種記號來標示：

   ✓＝我知道這個。

   ✿＝我需要複習這個。

   ？＝我對這個有問題（學生應該記下他們的問題）。

圖表 3.3 呈現的是一位國中生運用互動式筆記技巧所做的筆記。

此處關於互動式筆記的說明，我們把注意力焦點放在閱讀上，但這項工具同樣也很適合用於課堂上的簡報、演講和影片。要將此工具應用在這些方面，請提供學生你想要他們聚焦注意的核心問題，然後鼓勵他們在上課時運用這個表格來收集相關的資訊，之後再測試他們的理解。

問題	主要想法	支持細節	監控
血液的功能是什麼？	把養分和氧氣運送到細胞，並帶走代謝廢棄物。它也運送荷爾蒙、蛋白質和抵抗感染的巨噬細胞到需要的地方。		☆
血液的組成成分是什麼？	紅血球、白血球、血小板和血漿。		✓
血漿是什麼？	血漿是淡黃色的溶液，輸送紅血球、白血球、血小板到身體各部位。	血漿大約 90% 是水。	☆
白血球的功能是什麼？	白血球幫助身體抵抗感染和疾病。	白血球能破壞被感染的細胞和製造抗體。	？ 什麼是抗體？

資料來源：引自 *Tools for Thoughtful Assessment: Classroom-Ready Techniques for Improving Teaching and Learning* (p. 110), by A. L. Boutz, H. F. Silver, J. W. Jackson, and M. J. Perini, 2012, Franklin Lakes, NJ: Silver Strong & Associates/Thoughtful Education Press. © 2012 Silver Strong & Associates.

➤➤ 網狀圖

　　網狀圖是一個做筆記的過程，學生在此過程中可以視覺圖像化的呈現某個簡報或文本內容裡的重要想法。它是強化意義創造的特殊工具，原因是：第一，網狀圖是非線性的，讓學生可以自由的擷取和組織他們的思考，因此他們可以把更多的注意力放在處理和擷取資訊上，也比較不需要固守像是傳統大綱的格式。第二，網狀圖的圖形格式使得學生無法做低層次的複製，相反的，學生必須創造意義，將他們正在閱讀或聽

到的內容轉換成一個一個的**圖像**區塊，每個區塊裡都有重要的想法和明顯有所連結的支持細節，因此，網狀圖特別適合用來幫助學生表徵呈現事實與概念之間的關係。就像圖表 3.4 的網狀圖，是一位學生閱讀自然科學教科書有關人類神經系統的章節時，所發展出來的網狀圖。

除了幫助孩子組織和理解資訊，網狀圖也是腦力激盪想法的好用工具，如圖表 3.5 所示，一群學生回應一個物理學的挑戰題：「你要如何只用鋁箔紙來讓 30 個一塊錢硬幣浮在水上？」提出他們集體的想法（並在後來測試這些想法），進而創造這樣的網狀圖。

網狀圖的另一個用途是當作複習和學習的輔助工具。要這樣運用網狀圖，請挑戰學生創造網狀圖，當作自我測試對一課或一個單元主題的了解。他們有辦法創造出掌握學習內容大概念的網狀圖嗎？他們能夠回憶起支持每個大概念的關鍵細節嗎？在比較他們的網狀圖和筆記或教科書內容時，哪些部分的內容是他們知之甚詳的，哪些部分是他們可能需要再回頭去看看和進一步複習的？

要向年紀更小的學生介紹網狀圖並鷹架協助他們學會運用，Silver 及其同事（2018）提出以下的建議：

- **示範過程**。展現給學生看你如何運用這個多用途的工具來解決不同的學習挑戰（比如：腦力激盪想法、從文本收集資訊，或複習和測試你的理解）。一邊創造網狀圖，一邊放聲思考，同時要確定你放聲思考的說明語言能夠強化學習內容之間的關係（例如：「文本的這個部分，包含了我剛剛在這裡寫的這個次要主題『金字塔如何建造』的所有支持細節，所以，我會把它們加到我的網狀圖的這個部分，像這樣。」）。

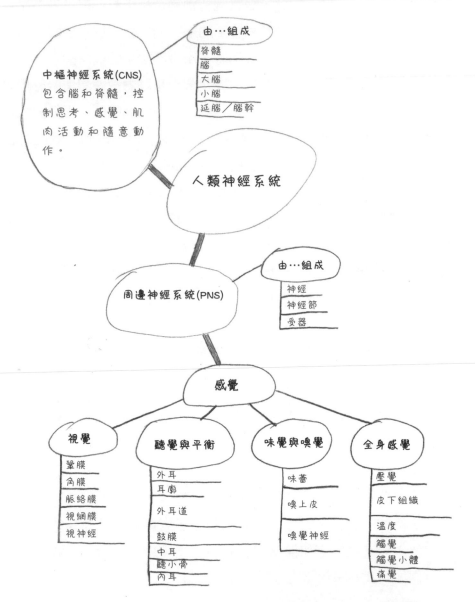

資料來源：引自 *The Ten Attributes of Successful Learners: Mastering the Tools of Learning* (p. 43), by H. Silver, M. Perini, and J. Gilbert, 2008, Ho-Ho-Kus, NJ: Thoughtful Education Press. © 2008 Thoughtful Education Press.

圖表 3.5　腦力激盪網狀圖

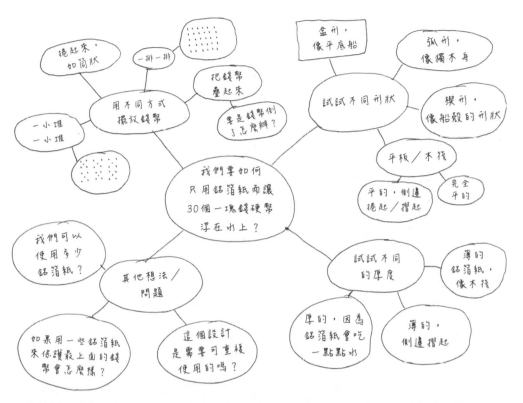

資料來源：引自 *Tools for Classroom Instruction That Works: Ready-to-Use Techniques for Increasing Student Achievement* (p. 156), by H. F. Silver, C. Abla, A. L. Boutz, and M. J. Perini, 2018, Franklin Lakes, NJ: Silver Strong & Associates/ Thoughtful Education Press and McREL International. © 2018 Silver Strong & Associates.

- **允許低年級的學生跳過次要主題**。只給他們單一個中心主題，讓他們在中心主題圓圈裡記下每一樣他們知道或學到的東西。
- **提供次要主題**。舉例來說，如果學生正在學習藝術家喬治亞・歐姬芙（Georgia O'Keefe），替他們創造一個起步用的網狀圖，將喬治亞・歐姬芙寫在中間，各個分枝寫上次要主題。請考慮將每個次要主題轉化成一個問題（例如：**喬治亞・歐姬芙的童**

年是什麼樣子？誰激發她想要成為藝術家？她的圖畫有什麼有趣的地方？她最有名的畫作有哪些？），讓學生收集回答每個問題的重要細節，完成這個網狀圖。

》 4-2-1 摘要總結法

學生在摘要總結資訊時面對的最大挑戰之一，是決定哪個資訊應該被納入摘要總結裡，哪個資訊可以排除在外。什麼是最重要的？這些大概念裡哪個是最大的概念？哪些是支持這些大概念的核心細節？哪些又是瑣碎或可以忽略的？

4-2-1 摘要總結法（Boutz et al., 2012）運用協同合作的學習過程來教導學生如何區分核心和非核心的資訊、建構主要想法，並且以寫作方式整合和總結他們所學到的內容。在閱讀一篇文本或體驗一個學習經驗之後，學生回顧該文本或該堂課，並決定他們覺得非常重要的四個想法或要點。每個學生獨立工作，在一張組織圖表上記錄他們的四個重要想法（見圖表 3.6）。請注意，要求學生選出四個重要想法和要求他們陳述主要想法是不同的事情，學生常常難以做到陳述主要想法，因為沒有一個思考過程可以幫助他們達成這件事。而這項工具的其他步驟提供了這樣的思考過程。

接著，每個學生與另一個學生兩兩配對，分享和比較想法。每對學生相互討論彼此的想法，並且努力達成共識，選出兩個最重要的想法。然後，每對學生再跟另一對學生結合形成四人小組，這四個學生一起分享和比較他們的想法，之後他們團隊合作決定文本或學習經驗裡最重要的一個想法。透過這個過程（個人各自產出四個想法，學生配對協商提出兩個想法，四人一組協商決定一個重大想法），學生不斷精煉他們的

為深度學習而教｜促進學生創造意義的思考工具

| 四個重要想法 | 當黃金被發現後，世界各地的人們搶著到加州淘金。 | 當地人口變得越來越多而且越來越多元——但是原住民人口下降了。 | 新的城鎮、公司行號、道路和學校逐漸開發。 | 開採金礦破壞了環境。 |

兩個最重要的想法

| 當地人口變得越來越多而且越來越多元——但是原住民人口下降了。 | 加州土地受到開發但也被破壞了。 |

一個最重要的想法

「淘金熱」改變了加州的人口和地面景觀。

段落摘要總結：我學到什麼？

「淘金熱」改變了加州的人口和地面景觀。1848年在沙特鋸木廠（Sutter's Mill）發現黃金以後，來自美國和世界各地的人們搶著到加州淘金，使得整體人口越來越多而且越來越多元化，但原住民人口下降。超過100,000的原住民被殺害或因為疾病或飢餓而死亡。湧進加州的人潮不只改變了人口，也改變了地面景觀，各地的城鎮、公司行號、道路和學校迅速增長，而且礦坑汙染、破壞了環境。總之，淘金熱以許多不同的方式永久改變了加州的土地、人口和發展。

思考，一直到他們的學習包含核心必要的資訊——而且只有核心必要的資訊。

這個過程讓學生們協同合作一起創造意義，並且訓練他們具備能力去發展出一個簡明扼要的文本摘要總結。學生們選出的最重要想法通常會當作主題句，而他們在過程中收集和精煉的想法通常是提供強力的支持細節。圖表 3.6 呈現的是某個國中課堂如何運作這個過程。請注意，在將四個想法篩選為兩個的時候，這位學生和她的夥伴保留了她原來的一個想法（**當地人口變得越來越多而且越來越多元——但是原住民人口下降了**），並且把其他某些原來想法整併，形成一個更大的想法（**加州土地受到開發但也被破壞了**）。然後，學生四人一組合作建構出一個能夠抓住所有想法的核心本質的最重要想法。

》 AWESOME 摘要總結法

摘要總結（summarizing）是一個很有效的意義創造策略，因為它要求學生必須處理和整合資訊，但是，很多學生不知道如何做出一份高品質的摘要總結。AWESOME 摘要總結法（Silver & Boutz, 2015）針對這個問題，提供學生一個容易記憶的首字母組合詞 AWESOME（意為：好極了），定義出高效摘要總結的關鍵屬性。學生可以在幾個時機運用 AWESOME 這個首字母組合詞當作檢核清單：在寫之前（亦即，計畫怎麼寫摘要總結）；在寫的過程中（作為發展摘要總結的指導原則）；以及在寫完之後（用以檢視和修潤他們的摘要總結）：

A：我的摘要總結裡的資訊是否**準確**（accurate）？

W：是否顯著**削減**（whittled down）了原始素材的長度？

E：我是否含括**足夠資訊**（enough information），抓住了原始素材的核心？

S ：我的摘要總結是否合乎邏輯的組織與**排序**（sequenced）資訊？

O ：我是否**客觀的**（objective）摘要總結原始素材？

M ：我是否用**我自己的話**（my own words）來摘要總結原始素材？

E ：我的摘要總結是否**只包含核心必要的想法**（essential ideas only）？我是否刪除了不必要的細節？

結語

　　毫無疑問，擅長做筆記和摘要總結資訊的學生在校內外獲得成功的機會比不擅長的學生大很多。透過做筆記和摘要總結，學生創造意義，透過擷取、組織和整合資訊，讓大概念和必要細節變得清晰明瞭。本章的主要目標是提供一些簡單的工具，幫助學生變得更能掌握這兩種創造意義的核心技能。不過，我們還有一個次要目標：改變學生的心態，幫助他們打破「筆記和摘要總結都很無聊」的普遍觀感，取而代之的，幫助他們看到這兩種技能都是很有力量、對個人很有意義的學習過程。

為深度學習而教 ｜ 促進學生創造意義的思考工具

4 比較

比較：是什麼？為什麼？

請看看圖表 4.1 裡的兩張照片。

當你看到像右邊那張照片的教室時，請先將你教師腦袋裡可能響起的警鈴暫放一旁。在這裡，我們特別感興趣的並不是你在班級經營上的角色或照片所描繪的教師教學技巧，而是你的思考歷程。你腦袋裡有什麼想法？你的大腦如何處理這兩張照片？你在思考什麼？你正在創造什麼「意義」？

在並列對比這兩張照片時，我們正在運用人類天生的一種能力。人類與生俱來就會比較，這種把事物肩並肩的排在一起（不管是在實體

圖表 4.1　雙教室記

上，或比較典型的心理層面）、思量和分析其中相似性和差異性的行動，是基礎的意義創造技能。它能夠讓你快速認出這兩張照片都是教室的共同特徵，同時又把明顯的差異直接推進你的注意視線當中。

在學業學習上，比較也是具有最高影響力的技能之一。後設分析的研究（Dean, Hubbell, Pitler, & Stone, 2012; Marzano, Pickering, & Pollock, 2001）顯示出：教導學生如何比較和對照，能夠導致學習成就的顯著進步。Hattie 和 Donoghue（2016）提及比較思考在發展遷移應用能力方面的關鍵角色，並這樣評述：「遷移應用是學習的一個重大成果，學生在試著遷移應用他們的學習到新情境之前，如果能被教導如何察覺、發現在一個情境和另一個新情境之間有何相同和不同之處，遷移應用就比較可能發生。」（p. 4）請注意這些研究者都有一個關鍵想法——**教導學生如何比較**。雖然比較是一種天生的能力，但能夠高層次的運用它卻是截然不同的另一回事。如果我們期望學生能精熟比較分析這個技能，並且獲得隨之而來的學業學習上的好處，那麼我們就必須提供「有關如何運用認知過程來找出相似性和差異性的明示教學」（Dean et al., 2012, p. 121）。

當學習者投入有目的的比較之時，他們正在學習過程中建構意義和增長自己的理解。比較是一個基礎的思考技能，也是更複雜的思考歷程所必須具有的基礎，像是：論證、做決定和解決問題。舉例來說，如果你的目標是教導學生如何寫出高品質的論證文章，這個學習歷程應該包含比較——要求學生分析幾篇論證的範文，找出它們之間有什麼共通之處，並且針對關鍵的差異之處，區辨細究它們的主張、證據和理由。幾乎任何高層次的思考目標或任務都是如此。如果我們想要學生做出良好的決定，那麼他們就必須能夠比較和對照各種不同的選擇；如果我們希望學生執行探究計畫或設計產品來解決一個問題，可以確定的是在過程

為深度學習而教｜促進學生創造意義的思考工具

中必然會出現相互競爭的想法和多元的可能性，因此，比較思考能力將
會是他們取得成功所必須具備的能力。

比較：怎麼做？

　　儘管比較的好處多多，但許多老師反映，他們運用比較的經驗未必
總是能夠產生研究建議的那些學習成果。許多年來，我們幫助老師發展
學生的思考技能，發現在老師要求學生比較的教學做法裡，有一些常見
且容易辨識的錯誤或問題。本章所討論的六個工具，是特意選出來（而
且，某些工具是特別研發）幫助老師克服這些教學實務問題。圖表 4.2
列出師生在進行比較時最常遇見的一些困難挑戰，並且摘要說明如何運
用每一個工具來處理這些問題。

⟫　先描述，再比較

　　對有效的比較而言，最大的障礙之一是許多學生一頭熱的匆忙開始
比較的過程，卻沒有清楚了解老師究竟要求他們比較什麼和為了什麼目
的。先描述，再比較（Silver & Boutz, 2015）的設計是為要讓學生慢下
來，要求他們仔細檢視比較的項目，而不是急忙尋找相同處和不同處。
我們可以透過幾個方式來增進這個工具的有效性，首先，學生需要澄清
做比較的原因；接著，他們找出和描述比較的項目之間最顯著的面向或
特點。在第一次使用這個工具的時候，老師可以提供學生一些比較的面
向；當學生越來越嫻熟這個過程之後，他們就能夠而且也應該被鼓勵靠
自己找出這些面向。

教學做法的錯誤或問題	處理這個錯誤的工具
學生沒有先深入了解他們正在比較的項目，或沒有先找出值得比較的顯著面向，就急忙開始比較。	1. **先描述，再比較**（Describe First, Compare Second）：教導學生在尋找相同處和不同處之前，先全面徹底的描述每個比較的項目。
學生把比較焦點放在比較項目的瑣碎細節上。	2. **有意義且可掌握的標準**（Meaningful and Manageable Criteria）：教導學生如何將他們的注意力焦點放在比較項目的重要面向。
學生在進行比較時，缺乏有效的方式來組織他們的發現。	3. **高帽組織圖和比較矩陣**（Top Hat Organizer and Comparison Matrix）：提供學生組織圖表來引導思考，而且比范氏圖更好用。
學生的比較沒有帶領他們前進到任何目的地；學生並沒有因為做了這些比較而整理出任何結論或通則概念，就這樣轉身離開了。	4. **你的結論是什麼？**（What Can you Conclude?）：要求學生針對他們所比較的項目做出結論並提出支持理由，藉此挑戰學生建立更深入的理解。 5. **比較與結論矩陣**（Compare and Conclude Matrix）：讓學生能夠回顧他們的比較過程，並且基於他們的分析，歸納一個結論或做出一個決定。在學生被要求比較兩個以上的項目時，這個工具特別有用。
學生無法將他們對於比較思考的理解遷移應用到其他的情境。	6. **團體 CIRCLE**（Community CIRCLE）：鼓勵教師和學生將比較思考的力量應用到課堂討論裡。

清楚說明比較項目的重要面向，這對引導學生進行比較是必要的步驟；沒有這些面向，學生最後往往只是隨便抓了一堆關於每個項目的資訊，其中很多還是不相關或瑣碎的資訊（例如，**亞伯拉罕・林肯個子很高、有鬍子；喬治・華盛頓戴白色假髮、砍倒一棵櫻桃樹。亞伯拉罕・林肯的肖像印在五美元紙鈔上；喬治・華盛頓的肖像印在一美元紙鈔上**）。但是，如果學生收集的是這些面向的資訊：（1）每個總統的關鍵成就；（2）每個總統各自面對的最大挑戰；（3）每個總統是如何變成總統的，他們的思考就會聚焦在最重要的地方。

　　這項工具的結構可以進一步促進學生創造意義，方法是結合一個簡單、三欄式的描述組織表，讓學生在左右兩欄對應並列出每個比較項目的相關資訊。圖表 4.3 顯示的是一位學生檢視線性方程式和二次方程式之後所完成的描述組織表。

　　請注意這位學生還沒有找出任何相同處和不同處，只針對每個項目發展出強而有力的描述。像這樣徹底的「先描述」之後，這位學生現在處於一個更有利的位置可以挑出兩個項目之間重要的相同處和不同處——「再比較」。當然，教師先示範描述和比較這兩個過程，而後再要求學生描述和比較，這絕對是個明智的做法。示範時，試著運用學生能輕易、立即描述和比較的常見事物，例如刀子和叉子、熱狗和漢堡、足球和曲棍球等等。

　　漸漸的，學生會內化這個「先描述，再比較」的重要習慣，從而獲得一項重要並可遷移應用的技能，能夠幫助他們變成更有策略的比較思考者。

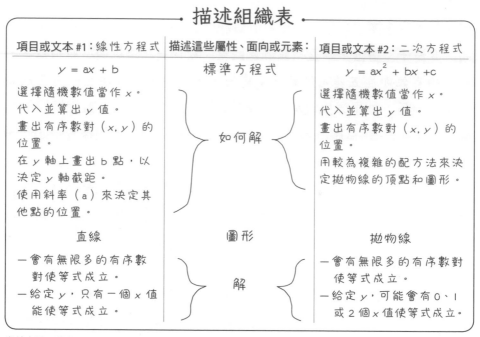

描述組織表

項目或文本 #1：線性方程式	描述這些屬性、面向或元素：	項目或文本 #2：二次方程式
$y = ax + b$	標準方程式	$y = ax^2 + bx + c$
選擇隨機數值當作 x。代入並算出 y 值。畫出有序數對 (x, y) 的位置。在 y 軸上畫出 b 點，以決定 y 軸截距。使用斜率（a）來決定其他點的位置。	如何解	選擇隨機數值當作 x。代入並算出 y 值。畫出有序數對 (x, y) 的位置。用較為複雜的配方法來決定拋物線的頂點和圖形。
直線	圖形	拋物線
一會有無限多的有序數對使等式成立。一給定 y，只有一個 x 值能使等式成立。	解	一會有無限多的有序數對使等式成立。一給定 y，可能會有 0、1 或 2 個 x 值使等式成立。

資料來源：引自 *Tools for Classroom Instruction That Works: Ready-to-Use Techniques for Increasing Student Achievement* (p. 189), by H. F. Silver, C. Abla, A. L. Boutz, and M. J. Perini, 2018, Franklin Lakes, NJ: Silver Strong & Associates/ Thoughtful Education Press and McREL International. © 2018 Silver Strong & Associates.

》 有意義且可掌握的標準

　　隨著學生越來越習慣描述和比較的過程，你可以（也應該）挑戰他們自己找出要比較的項目之間的重要維度或面向。作為起點，建議運用熟悉的項目來讓學生澄清進行比較的目的，然後決定要考慮的關鍵面向，例如，老師可能會說：「想像一下，你的家人想養一隻寵物，正在考慮養狗或貓。你要怎麼做決定？你會用什麼標準來比較貓和狗？」在全班收集和討論學生的想法後，老師說：「好，到目前為止，我們有容易照顧、壽命和好玩有趣這幾個標準。我們還能想到什麼？」一個學生

說：「行為。」老師回應：「有意思。為什麼你認為行為是一個需要檢視的重要面向？」透過這種方式，老師挑戰全班學生討論出大家都同意的一套可掌握且有意義的標準，用以指導比較的過程。

在學生做過一些澄清比較目的和決定考慮標準的練習之後，你可以讓他們進行更學術性的比較，並持續刺激他們思考什麼是值得比較的：「當我們檢視細菌和病毒的時候，需要關注的是哪些重要面向？為什麼？是什麼讓這些面向變得重要？我們全班能不能達成共識，決定我們將要檢視的三到四個最重要的面向？」隨著時間進展，漸漸將這個責任完全轉移到學生身上：「為了進行光合作用和細胞呼吸作用的比較，你要選擇四到五個共同元素來比較，同時也要解釋你為什麼選擇了這些元素。」

這個澄清比較標準的技能在教學上常被忽略，但它對學生的學業成就可能至關重要，尤其在標準化測驗裡經常考比較型的閱讀任務。有時候，這些比較型的任務會提供或建議學生應該聚焦的標準，像這個例子：「就你所讀到的資料，比較這些動物不同的適應類型如何讓牠們在各自不同的棲息地生存下來。你可能需要針對覓食、調節體溫或躲避掠食者等方面來比較動物的適應類型」（Silver & Boutz, 2015, p. 26）。

但其他時候，學生就得完全靠自己選擇要運用什麼標準作為比較的焦點。為了預備學生能夠成功應付這種測驗題目，你可以提供他們有標準和無標準的範例任務。當任務提供標準時，教導學生鎖定這些標準來做比較；對於沒有提供標準的任務，跟學生好好討論他們可能要考慮的各種有意義的元素。例如，如果一個題目要求學生比較兩個人物，學生可以選擇聚焦在他們的個性、經歷或與他人的互動；相對的，像外表這樣的標準，通常就和理解人物的特質比較沒有關係。

》 高帽組織圖和比較矩陣

　　教師最常用來幫助學生辨識、找出相同和不同處的組織圖表是范氏圖（Venn diagram），不過，我們建議改用「高帽組織圖」。高帽組織圖與范氏圖不同之處在於它提供學生大量空間來記錄相同和不同處。而且，使用高帽組織圖，學生可以將重要的差異並列在一起比較，這種並

圖表 4.4　高帽組織圖：寫實主義和自然主義

不同處	
寫實主義獨有的	自然主義獨有的
• 相信人類的選擇自由是受限於外在的力量 • 嘗試忠實且準確的再現生活面貌 • 傾向於淡化情節，比較重視人物角色 重要作家和作品： • 亨利‧詹姆斯：《黛西‧米勒》 • 馬克‧吐溫：《哈克歷險記》 • 威廉‧迪恩‧豪威爾斯：〈伊迪莎〉	• 相信外在的力量控制人類的行為；人沒有自由意志 • 嘗試展現出人類為了生存而對抗外在力量的英雄式掙扎奮鬥 • 傾向於創造會讓讀者感到悲憫的文學人物角色 重要作家和作品： • 史蒂芬‧克萊恩：《阻街女郎瑪琪》、〈海上扁舟〉 • 法蘭克‧諾里斯：〈章魚〉

相同處
• 兩者都傾向於把焦點放在日常、平凡的人物。 • 兩者都相信外在力量會影響人類的行為。 • 兩者都是對浪漫主義的反動，浪漫主義讚揚個人主義和自由意志。

  為深度學習而教｜促進學生創造意義的思考工具

列呈現是范氏圖不可能做到的，因為范氏圖中間重疊的部分將差異分隔開了。圖表 4.4 顯示的是一位學生如何運用高帽組織圖，比較和呈現兩個文學運動（寫實主義和自然主義）之間重要的不同和相同處。

　　另一個推薦用於發展比較—分析技能的組織圖表是簡單的「比較矩陣」。這項工具在組織圖表裡新增一個欄位來找出比較的面向，使得比較過程的關鍵部分變得具體明確，以確保學生在比較時不會迷失走到不相關的路徑去。比較矩陣像高帽組織圖一樣，也提供了比典型范氏圖更多的空間來記錄想法。圖表 4.5 即是一個例子。

圖表 4.5　比較矩陣：苔原和沙漠

比較的面向：	苔原		沙漠
	獨有的特徵	兩者相同處	獨有的特徵
氣候	嚴寒的溫度	惡劣嚴峻 不適合居住	炎熱又乾燥
地形	永凍土	寸草不生的平原	沙
植被		極少（無法生存）	
自然資源		石油 天然氣	
人口		少數永久居民 遊牧民族	

》 你的結論是什麼？

　　學生做比較時，出現只提取極少意義或只建立表面理解的問題，原因之一是老師常常在要求學生找出相同處和不同處之後就立刻進行後續的教學，使得原本應該是深入思考的催化劑變成了錯失的機會。更糟糕的是這樣的做法給學生留下不好的印象：比較只不過是在練習計數——只是列出相同處和不同處而已。「你的結論是什麼？」是一種確保學生在做比較時能深入思考的技術。這項工具的核心是提出一個內涵豐富的問題，促使學生回頭看看他們比較的項目，並整理成一個通則或歸納出一個結論。此類問題舉例如下：

- 蜘蛛和昆蟲是比較相像，還是比較不一樣？
- 你認為我們讀過的兩個寓言故事之間最重要的差別是什麼？
- 比較布克・華盛頓（Booker T. Washington）和杜波依斯（W. E. B. Du Bois）的教育立場，你認為誰的論述比較有說服力？
- 你認為為什麼有些學生喜歡使用分數，有些學生喜歡使用小數？你喜歡哪一個？

　　根據你的教學目標，你可以讓學生透過寫作、小組對話、全班討論，或混用以上這些方式來發展出他們的結論。無論是哪種方式，提醒學生在歸納結論之前，應該回顧他們對比較項目的了解，目的是要學生能夠引用他們透過比較一分析過程收集到的具體資訊來解釋和證明他們的結論。

　　透過要求學生應用所學知識，或藉由一項任務遷移應用所學到新的情境，你可以帶領學生的思考更上一層樓。以下列舉一些比較教學單元的不同任務，改編自《比較與對照》（*Compare & Contrast*）（Silver, 2010, pp. 47-48）：

- 製作「翻翻卡」（Flip Strip），展現青蛙和蟾蜍有什麼不同。
- 寫一篇簡單的論說文，支持或反對這個論點：荒誕故事（tall tales）裡的英雄就像現今的超級英雄。
- 比較兩家銀行定期存單的利率和條款──一家提供單利，另一家提供複利。你的結論是什麼？哪家銀行是比較好的選擇？
- 創造一個結合有氧和無氧運動的訓練計畫。
- 寫一首詩，表達當今時代出現的一種不公義的情況。從我們學過的詩裡，選用其中一首詩的風格來寫詩。

》 比較與結論矩陣

比較與結論矩陣是針對比較矩陣（見圖表 4.5）略做調整修改，新增了兩個值得注意的特徵：（1）能夠比較兩個以上的項目；（2）增加一個欄位，要求學生根據他們的比較歸納出一個結論或做出一個決定。

咱們來試做一個小學階段的示例，比較四種常見的水果：蘋果、橘子、葡萄和香蕉。首先，我們從目的開始：想像我們有機會在馬里蘭州西部開設一個水果農場，而且需要決定種植哪種水果可以在批發市場銷售。確定了目的之後，我們需要想想比較這四種水果的關鍵標準。圖表 4.6 顯示的是可運用在這個例子的比較與結論矩陣。請注意，矩陣裡包含了與比較目的（即做出決定）相關的五個關鍵標準。依據這個目的，學生可以多種方式運用這些評估標準來幫助他們做出決定。例如，學生可以運用這些標準來收集每種水果的相關資訊，或根據每種水果滿足每個標準的程度對每種水果進行數字評等（例如使用五點量表，5 分表示最有利，1 分表示最不利）。同樣重要的是，這個矩陣要求學生檢視比較的結果，並根據他們的比較分析做出最終的決定。運用這個矩陣，某小組學生在結論欄位裡寫下：「在根據標準對四種水果進行研究和比較

图表 4.6　比較與結論矩陣：四種水果

標準\比較項目	地區適宜性	種植成本	成長成本（例如：水、肥料)	收成成本	批發市場價格
蘋果					
橘子					
葡萄					
香蕉					

結論

後，我們決定最有利於馬里蘭州西部繼承土地上種植的水果是蘋果。」

　　請注意，學生得出的結論可以用多種形式呈現。例如，學生可以使用結論欄位來做出一個決定（如上述的農場水果示例）或形成一個通則（例如，「這三個主角都很害羞，但很勇敢」）。

》 團體 CIRCLE

　　比較不只是應用於特定任務和課堂教學的一項認知技能，而是往往能產生更深入理解的一種核心必要的思考方式。以課堂討論為例，在良好的課堂討論中，學生會產生廣泛、多元的回應，但這些回應經常沒有後續深入的探討，只停留在大雜燴零散想法的狀態。若能將比較思考帶

入其中，就可以改變這種現象。

　　團體 CIRCLE（Silver, Perini, & Boutz, 2016）這項工具，透過鼓勵學生引用自己的經驗和表達自己的意見，增加課堂討論的參與互動。在學生產生一堆想法之後，這項工具就會利用比較的力量，幫助學生從大家產生的各種回應中看到大概念、歸納通則並獲得重要見解。它運用首字母縮寫詞 CIRCLE 列出教師在課堂教學實施所遵循的步驟。圖表 4.7 概略說明了這些步驟，並示範一位教師如何運用這些步驟來引導課堂討論。

　　想要充分利用團體 CIRCLE，以下有幾點建議：

- 確保你的討論緊密結合一個具體目的或學習目標，而且在發展提示、設計任務和指導對話時，牢記這個目標。
- 在進行團體 CIRCLE 之前，教導或強化正向的討論行為，例如仔細傾聽、以尊重的態度表示反對意見、稱呼同學的名字。
- 當你呈現提示時，鼓勵學生在參與討論之前，先放慢思考，深入搜尋他們的記憶，並以書寫方式收集他們的想法。
- 變化你的提示內容。其他的做法暫且不提，但你可以創造不同的提示，幫助學生探索概念（「對你來說，偏見是什麼意思？」）、分析原因或影響（「讓故事引人入勝的因素是什麼？」或「如果沒有分數和小數，我們只能使用整數，那會怎麼樣？我們的生活會如何改變？」），或評估決定（「退出太空梭計畫是正確的決定嗎？為什麼是？為什麼不是？」）。

　　經常、規律的使用團體 CIRCLE，讓它──以及它所體現的思考和協同合作行為──成為你教室文化的一部分。

C：創造（Create）一則提示，邀請學生分享個人的知識、經驗或意見。

這位老師運用這個提示來讓學生思考有關態度／成就關係的個人經驗：「回想過去某個成功或失敗的經驗，當時你的態度是幫助你或妨礙你成功？你的態度產生什麼樣的影響？」為了讓學生做好分享過程的準備，她要求他們先在紙上寫下想法，再加入團體圈。

I：邀請（Invite）學生圍坐成一圈並分享他們的回應。

學生把椅子排成一個圈，開始分享想法。每個人都一定要參與討論。

R：回顧檢視（Review）關鍵的想法，要求學生總結每個人的回應。

學生重述或總結歸納同學的想法，確保他們會以同學的名字來提及彼此。

C：比較（Compare）想法。

在老師的協助下，學生找出相同處和不同處，例如：

「塔林和卡羅斯的經驗看起來很像，他們兩個人都提到某個教練如何幫助他們改善態度，以及改善的態度又是如何幫助他們在運動上面表現得更好。」

「喬伊和艾美的意見大不相同，艾美不相信她的態度會影響她在班上的表現，但喬伊確信他的態度會有影響，他舉了好幾個例子來支持他的想法，像是他花了一番努力建立對於數學有比較正向的態度，結果真的開始在數學課上學得越來越好。」

L：找出（Look for）規律模式。

老師挑戰學生以他們全體的經驗為基礎，發展出關於態度的通則概念。在一些討論和辯論以後，學生同意這兩項通則：（1）你的態度會影響你的表現；（2）擁有正向態度比負面態度好。

E：延伸（Extend）學生的思考。

老師要求學生閱讀一首經典美國詩〈凱西上場擊球〉（Casey at the Bat），並找出證據來支持或反駁他們關於態度的通則。

資料來源：引自 From *Tools for a Successful School Year (Starting on Day One): Classroom-Ready Techniques for Building the Four Cornerstones of an Effective Classroom* (p. 37), by H. F. Silver, M. J. Perini, and A. L. Boutz, 2016, Franklin Lakes, NJ: Silver Strong & Associates/Thoughtful Education Press. © 2016 Silver Strong & Associates.

結語

　　比較是人類天生自然的思考歷程，是創造意義必備的思考能力，它也被認定為提高學生成就最具影響力的技能之一。但許多教師發現他們在課堂上運用比較卻沒有產生研究所描述的那些好結果。我們發現，造成這種脫節的最大原因是，教學裡有一些常見且容易辨識的「實踐問題」形成阻礙，使得比較無法在課堂上充分發揮潛力。借助本章所介紹的工具，教師可以直接處理這些問題和挑戰，以充分發揮比較作為意義創造技能的巨大潛力，幫助所有學生成為更好的學習者和思考者。

為深度學習而教｜促進學生創造意義的思考工具

5 為理解而讀

為理解而讀：是什麼？為什麼？

想到「為理解而讀」（reading for understanding）的能力——從文本中提取重要訊息和運用文本證據來支持詮釋的能力，我們忍不住一直想到的英文字就是 so（*如此／所以*）。不是「誰在乎啊？」的那種 so，而是完全相反的意思。

請容我們解釋一下。我們就像所有的教育工作者一樣，非常在乎為理解而讀的能力，因為它對學習和意義創造而言是*如此核心*，*所以*其重要性再怎麼強調也不為過；因為為理解而讀的研究結果是*如此清楚*，*所以*擅長閱讀的學生永遠都會比不擅長閱讀的學生取得更高層次的成就；因為教導學生如何發展這項技能是*如此重要*，*所以*每一位教師，不管任教年級或學科領域，都需要把它列為第一優先的技能。

雖然市面上有許多專為增進學生閱讀理解而發展的策略，甚至是整套的課程教材，但我們選擇聚焦在特定一組實用且經驗證有效的工具和策略，來幫助所有讀者發展最熟練的閱讀高手在閱讀和創造意義時使用的技能。在這種取向的中心是經由大量研究結果證實的認知：熟練閱讀（proficient reading）涉及三個導向深入理解的不同階段。閱讀專家 Michael Pressley（2006）如此說道：「一般而言，優質閱讀有意識的認

知處理過程是從閱讀前開始，在閱讀中繼續，並在閱讀完成後持續下去。」（p. 57）

為理解而讀：怎麼做？

本章的重點在於如何運用熟練閱讀的三個階段——閱讀前、閱讀中、閱讀後——來理解文本、創造意義。具體而言，我們介紹五種工具和策略，讓教師可以鎖定目標，培養熟練閱讀三個階段相關的技能：

1. **強效預覽**（Power Previewing）：教導學生如何進行「強效瀏覽」，在閱讀前建立對於文本內容和結構的意識。
2. **尋寶遊戲**（Scavenger Hunt）：運用廣為人知的尋寶遊戲模式，讓學生在閱讀的文本中主動尋找關鍵訊息。
3. **一句話總結**（Single-Sentence Summaries）：讓學生養成熟練讀者（proficient-reader）的習慣，在閱讀過程中經常停下來並快速摘要總結，以鞏固理解。
4. **閱讀立場**（Reading Stances）：教導學生如何透過多重視角或「立場」來檢視和回應文本，幫助學生建立深度理解和動態詮釋（dynamic interpretations）。
5. **為意義而讀**（Reading for Meaning）：是一種綜合性的閱讀策略，結合了熟練閱讀所有的三個階段——閱讀**前**、閱讀**中**和閱讀**後**——讓學生從頭到尾主動積極的建構意義。

≫ 強效預覽

熟練的閱讀高手不會一打開文本就開始閱讀；他們會預覽文本，讓自己做好準備深入且順暢的閱讀這些文本。強效預覽讓所有學生都實際

練習這種熟練讀者的習慣，幫助他們啟動自己的先備知識，在閱讀前建立對文本內容的意識，並創造出一個概念架構，讓透過閱讀收集到的新訊息能整合到這個概念架構當中。

　　Silver 和 Boutz（2015）開發了一套簡單、易教的熟練讀者行為，幫助學生進行強效預覽。為了讓學生更容易記住這些行為，每個行為都以字母 P 開頭，如圖表 5.1 所示。

圖表 5.1　強效預覽的五個 P

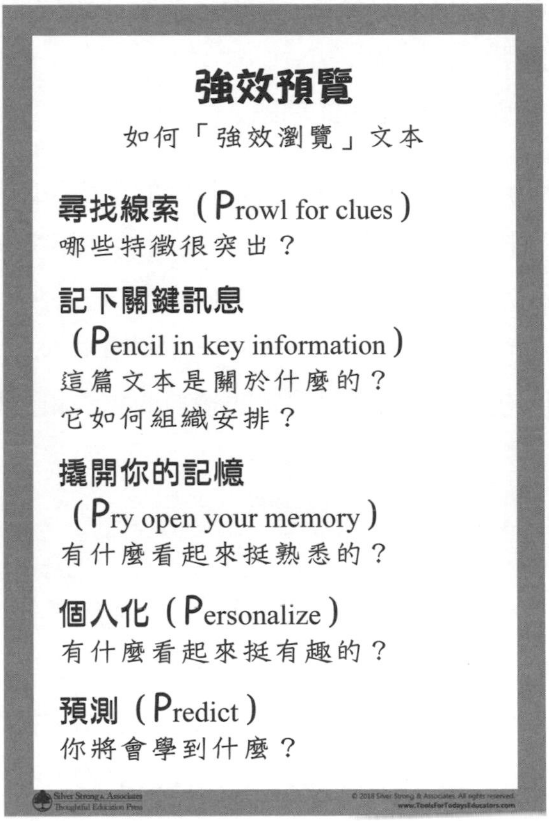

強效預覽

如何「強效瀏覽」文本

尋找線索（Prowl for clues）
哪些特徵很突出？

記下關鍵訊息（Pencil in key information）
這篇文本是關於什麼的？
它如何組織安排？

撬開你的記憶（Pry open your memory）
有什麼看起來挺熟悉的？

個人化（Personalize）
有什麼看起來挺有趣的？

預測（Predict）
你將會學到什麼？

資料來源：引自 *Power Previewing* (Poster) by Silver Strong & Associates, 2018, Franklin Lakes, NJ: Author.
© 2018. Silver Strong & Associates.

在向學生介紹這個工具時，請特別留意第一個 P：**尋找線索**，確保你教會學生在瀏覽重要訊息和突出的文本特徵時要尋找什麼。例如，對於非虛構類文本，應該訓練學生尋找以下這些通常會傳遞重要訊息的特徵：

- 書名／篇名和標題
- 開頭段落／介紹引言
- 總結段落／條列的關鍵要點
- 粗體、斜體、底線或強調突顯的字詞和片語
- 視覺圖像資訊（如圖表、地圖、表格、圖片）
- 圖片說明
- 章節開頭和章節結尾的問題

就像教導所有的閱讀策略一樣，教師的示範是關鍵。請向學生解釋為什麼強效預覽很重要，以及它會如何幫助他們提升閱讀理解和參與度。使用示範文本來告訴學生你是如何進行這五個 P，並讓學生有機會反覆練習強效預覽多種文本——要確定在閱讀文本之後，你會帶領學生重新回到他們的預覽，去反思他們閱讀前的想法和預測是如何發揮作用的。

》尋寶遊戲

尋寶遊戲（Silver & Boutz, 2015）是一種教學工具，旨在幫助學生更主動、更有目的的閱讀。為了增加學生的投入參與度，這個工具加入了一個遊戲元素，邀請學生將文本視為他們必須去搜尋特定項目、訊息或特徵的遊戲，然後證明他們已經找到這些寶物。尋寶遊戲讓教師可以鎖定課程標準裡的特定閱讀技能來設計不同類型的搜尋任務。圖表 5.2

示範的是教師可以如何設計搜尋任務，要求學生練習各種閱讀課程標準都共同強調的技能。

當你為特定文本設計了搜尋任務之後，請按照以下步驟來讓所有學生參與文字為本的尋寶遊戲：

1. 提供學生每人一份文本和搜尋任務。
2. 指導學生如何進行（例如，獨自進行或在「搜尋小組」裡），如何標記或記錄他們的發現（例如，在文本裡劃記、使用便利貼或使用行數標號系統來找出相關的段落）。
3. 在教室裡走動巡視，觀察或傾聽學生工作，並在學生需要時提供協助。
4. 全班檢視和討論學生的回應。
5. 鼓勵學生為他們的回應辯護或辯論，並在適當的時機努力達成共識。（有時候，某個回應會比其他答案更能得到文本的支持；其他時候，幾個相互競爭的回應都同樣有效。不管是哪一種情況，都請確保學生理解為什麼會這樣。）
6. 運用學生對特定搜尋任務的回應，找出給學生造成最多麻煩和問題的閱讀技能，集中注意力去探討這些技能。

圖表 5.2　結合共同核心閱讀技能的尋寶遊戲搜尋任務

閱讀技能	建立此項技能的搜尋任務示例
尋找事實性／直白陳述的資訊。	● 外星人如何跟艾莉卡溝通說他迷路了？找出告訴我們的句子或段落。 ● 找出這篇文章裡提到的兩個適應的例子。
運用文本證據來支持推論／結論。	● 找出可以讓我們推導出青蛙很害怕的兩個字詞彙或圖片。 ● 從這一章節找出支持以下結論的三個句子：……

閱讀技能	建立此項技能的搜尋任務示例
找出中心想法和主題。	• 找出最能夠反映這整個章節主要想法的段落。 • 如果這一章節的主要想法是＿＿＿＿＿＿，文本中的哪兩個細節最能夠支持這個想法？
找出顯示有關人物、場景、事件或個人（或這些元素之間的關係）的關鍵訊息之細節。	• 我們怎麼知道這個敘事者很天真？找出一些證據。 • 從故事中找出幫助建立故事場景的三個細節。 • 牛頓的研究如何影響愛因斯坦的發現？找出一些證據。
運用有助於顯示字詞和片語在文本中的意義的文本線索；理解特定的字詞會如何影響語氣。	• 哪些細節或片語能幫助我們了解「共生」這個語詞在行文裡的意義？請找出來。 • 找出有助於展現這篇文章的對話式語氣的字詞和片語。
辨識或比較文本結構；解釋個別的元素如何對整體作品產生貢獻。	• 找出這個章節裡按時間順序結構呈現的部分。 • 在這篇文章中，作者呈現了兩種看似對立、無法相容的立場，她是如何證明它們其實並非這麼無法相容？找出達成兩種立場和解相容的部分。
找出顯示作者的觀點或目的的段落。	• 找出至少三個有助於顯示作者觀點的句子。 • 這個作者認為美國在越戰的軍事升級是正當的還是錯誤的？找出證據來支持你的立場。
評鑑以其他形式呈現的內容（例如：視覺圖像，量化分析）。	• 找出一張圖畫顯示好餓的毛毛蟲在星期六吃完一堆東西以後有什麼感覺。 • 找出詳細說明第三和四段呈現資訊的一張圖表。
辨識一篇論說文的元素、優點和可能的缺點。	• 找出能支持作者主張的兩項具體的證據。 • 找出你認為作者論證裡最弱的元素或可能禁不起仔細檢驗的元素。
比較兩篇或更多文本，找出它們之間在內容、目的和風格的相同處和不同處。	• 閱讀這兩個荒誕故事，找出一些共通的元素。 • 找出第一篇和第二篇文章裡相符一致的資訊；找出相互衝突的資訊。

✎ **為深度學習而教**｜促進學生創造意義的思考工具

》一句話總結

一句話總結（Silver & Boutz, 2015）是一種綜合運用做筆記和摘要總結的力量，以使閱讀更加積極主動和持續反思的工具。它讓學生一邊閱讀一邊做筆記，而且這些筆記的形式是頻繁（通常是每一段或每幾段就做一次）與簡短的摘要總結：每次筆記只有一個句子的長度。這種頻率與簡潔的結合有助於學生建立摘要總結的習慣；久而久之，它會變成學生的第二天性，在閱讀時，他們會自己停下來、處理訊息並記下重要的想法。

需要強調的是，學生摘要總結的句子不可以抄寫文本裡的句子，而應該是以學生自己的話寫出來，而且應該是抓取他們認為最重要的內容。所以，在要求學生使用這項工具之前，請幫助他們了解成功的摘要總結句看起來、聽起來是什麼樣子。例如，你可以在創造一個段落的摘要總結句時，透過放聲思考來示範這個歷程。你可以要求學生想像：撰寫他們剛讀完的段落的作者正坐在他們旁邊，作者可能會說他寫這個段落或章節的重要想法是什麼？教導這個歷程的其他方法包括：挑戰學生區分比較強和比較弱的摘要總結句，要求學生在他們認為應該納入摘要總結句裡的關鍵字詞底下畫線，或是你自己先創造一些摘要總結句，然後要求學生選擇（並說明理由）他們認為最能摘要總結文本內容的句子。為了讓學生進一步適應並好好運用這種增強理解的技術，可考慮排版處理閱讀文本的格式，在段落的右側預留筆記欄位，給學生寫一句話總結。

》閱讀立場

有時候，在我們確保學生對所讀文本能獲得事實性理解的努力作為中，常常會忽略了「為理解而讀是多元面向的處理過程」這個事實。更

甚者，過度強調事實性或字面理解的代價，可能是犧牲了學生的參與投入度——存在於培育發展學生閱讀反應和讀者回應過程中的強大動機力量。閱讀立場（引自 Langer, 1994）運用邀請學生在與文本互動和回應時採用各種不同「立場」的方法，支持並實現為理解而讀的真正動力。透過這些立場，學生建立深度的、個人化的意義。以下摘要說明四種閱讀立場：

- **字面立場**：讀者對文本形成初步印象。他們在閱讀字詞時，把焦點放在字面上的意思：**這篇文本是關於什麼？這篇選文的標題或要點（gist）是什麼？關鍵的事實是什麼？**

- **詮釋立場**：學生發展出對文本的詮釋，尋找關於文中潛藏的概念和主題等更深層的涵義。他們會讀出「字裡行間」的意義來解釋、推論和歸納結論：**我可以從這篇文章中推論或歸納出什麼結論？_____的意義是什麼？隱含的主題／主旨（theme）或訊息是什麼？有什麼意義藏在「字裡行間」？**

- **個人立場**：讀者連結他們個人的經驗與選文的內容，「超越字裡行間」的閱讀，去探索文本對他們的意義、文本與自己生活的關係：**這跟我自己的經驗有何相似之處？我和這個主題有何關係？它對我說了什麼？**

- **批判立場**：學生分析、批判的閱讀，評鑑式的質詢作者和文本。在閱讀虛構的故事小說時，他們可能會問：**作者傳達主題、人物和故事情節的手法有多麼有效？**在閱讀非虛構類的文本時，他們可能會問：**這些資訊有多大用處？這些陳述說明有多精確、完整和公正不偏？**

為深度學習而教｜促進學生創造意義的思考工具

為了幫助學生理解這些立場的目的和價值，請明確的介紹這四種立場。示範（例如透過放聲思考）你如何運用每種立場來探索意義和回應文本。運用這些立場來創造閱讀後的問題，藉以挑戰學生摘要總結重要訊息、用多元方式思考文本、表達他們的想法和深化他們對文本的理解，這種做法可強化閱讀理解在閱讀**後**持續發展的方式。圖表 5.3 呈現的是閱讀虛構類和非虛構類文本可採用這四種立場的示例問題。請注意，這些相同的問題也可以應用於電影、電視節目、戲劇活動、政治演講和其他形式的「文本」。

　　讓我們來看一個一年級班級閱讀艾諾・洛貝爾（Arnold Lobel）的經典故事集《青蛙和蟾蜍好朋友》（*Frog and Toad Are Friends*）的例子。這個單元的概念架構是人際關係的探討，運用的是整合型的核心問題：**誰是你真正的朋友？你怎麼知道？**以下是老師提出的立場問題：

- **字面**：這些故事裡的主要人物是誰？故事發生在哪裡？
- **詮釋**：在這些故事裡，哪些時候某個人物表現得像另一個人物的真正的朋友？有哪些時候某個人物表現得不像真正的朋友？舉出故事中的例子（證據）來解釋和支持你的答案。
- **個人**：**你想要什麼樣的人當作朋友？這個人會是什麼樣子？他或她的品格和特質是什麼？**
- **批判**：這位作家把圖畫（插圖）放入作品裡。這些圖畫有沒有幫助你更能理解這些故事？請解釋說明。應該放入更多的圖畫嗎？如果是，那要畫些什麼？圖畫應該少一點嗎？如果是，你會移除哪些圖畫？為什麼？

　　在你提出與立場相關的問題以後，請學生解釋說明他們的想法。建立對學生的期望，他們應該養成從文本引用證據來支持他們的回應的習

立場	虛構類文本	非虛構類文本
字面	• 這個文本（小說、故事、詩等）是關於什麼？ • 故事場景是在哪裡？ • 這個作品發生在何時？ • 主要人物和次要人物是誰？ • 狀況或問題是什麼？ • 最重要的事件是什麼？	• 這個文本（書籍、文章、散文、部落格文章等）的標題或要點是什麼？ • 關鍵的事實是什麼？ • 文本傳達的最重要訊息是什麼？ • 你從這個文本學到什麼？
詮釋	• _____的意義是什麼？ • 隱含的主題／主旨或訊息是什麼？ • _____（書名／篇名、某個事件、引用的話語、作者使用的象徵語言等）的重要性是什麼？ • 你會怎麼形容故事的氣氛？ • 這些人物展現出什麼特質？	• _____的意義是什麼？ • 你可以從這個文本歸納出什麼結論？ • 作者的_____（態度、哲學、政治立場等）是什麼？ • 這個作品跟_____（某個或更多的相關作品）比起來如何？
個人	• 這與你生命中的某個經驗有何相似之處？ • 你跟這個主題有何關係？ • 這個讓你想到什麼，或讓你有什麼感覺？ • 如果你是這個人物，你會做什麼？ • 你想要問作者／人物什麼問題？	• 這個讓你想到什麼？ • 你同意作者嗎？ • 你相信嗎？被說服了嗎？ • 它如何影響你的思考？ • 需要什麼其他的資訊？ • 你想要問作者什麼問題？
批判	• 這個作品的最大優點是什麼？最大缺點又是什麼？ • 想像你是文學評論家，作者如何有效的傳達主題？描述場景？塑造人物？營造氣氛？開展情節？製造高潮？ • 這位作者如何有效運用（倒敘、諷刺、象徵主義等）？ • 你會推薦別人閱讀這個作品嗎？	• 這個作品的最大優點是什麼？最大缺點又是什麼？ • 這個作品寫得多清楚？多精確？多完整？多公正？ • 這個作品的組織結構產生多好的效用？ • 這位作者是否有效達成他的目的（例如，是要告知讀者或是說服讀者）？多有效？

慣。利用課堂討論時間來探討學生的回應，並運用跟進追問和提示語來鼓勵學生詳細闡述及說明其想法背後的文本證據或推理思路，例如：**因為……？是什麼讓你產生這個想法／推論／詮釋／結論？文本裡的哪些證據表明了這一點？還有另一種詮釋嗎？你同意作者的想法嗎？**

最後，這裡有兩個實用的建議，可以讓閱讀立場在教室裡更加具體可見：

1. 製作四種閱讀立場和示例問題的布告欄或海報，用以提醒你自己和學生經常運用它們。對於年幼的學生，你可以使用象徵符號或卡通人物來代表每種立場。
2. 提供講義或印刷書籤（或讓學生創作自己的書籤），概述四種閱讀立場和示例問題，用以鼓勵學生在閱讀時採用這四種立場。

》 為意義而讀

為意義而讀（Silver, Morris, & Klein, 2010; Silver, Strong, & Perini, 2007）是一種全面性的閱讀教學策略，提供學生練習與精熟高層次閱讀所有三個階段（閱讀前、閱讀中和閱讀後）的機會，特別適用於較短的文本（例如，文章、詩、第一手文件、教科書章節和小說各章）。運作方法如下：

閱讀前，學生預覽文本並檢視一系列關於文本的陳述句，這有助於他們發展對文本內容和關鍵想法的意識。這些由教師設計的陳述句，可能真，可能假；可能對，可能錯；或者可以開放有不同的詮釋。舉個例子，看看圖表 5.4 中間標記為「陳述句」的那一欄。在國中社會課堂上，學生在閱讀〈蓋茨堡演說〉（Gettysburg Address）之前，先預覽這五個陳述句以及文本本身，以幫助他們建立對此文本內容會包含什麼的閱讀前意識。

圖表 5.4　為意義而讀組織表：蓋茨堡演說

支持的證據	陳述句	反對的證據
「為了使國家得以延續，人們在此地獻出他們的生命，我們在此把這個戰場的一部分獻給他們，作為他們靈魂永遠安息之處。」	這場演說的主要目的是紀念戰死的士兵。	「接下來應當由我們這些活著的人獻身投入這未竟的工作……完成仍留在我們面前的大業。」
「如今，我們正進行一場偉大的內戰，考驗著這個國家，或任何堅信及奠基於這些信念的國家，能否永續長存。」	林肯覺得美國正處於關鍵的十字路口。	
	林肯相信這場戰爭的結果只對美國有影響。	「這個世界不會注意到也不會恆久記住我們在這裡說過什麼，但它永遠不會忘記他們在此地所做的事蹟。……絕不會從這片土地上消失。」
● 「八十七年前」一過去 ● 「如今，我們正進行」一現在 ● 「絕不會從這片土地上消失」一未來	林肯帶領讀者進行了一趟穿越時空的旅行。	
「那些勇士……曾在此地奮戰，早已使這片土地神聖化，遠非我們卑微的力量所能增減。這個世界……永遠不會忘記他們在此地所做的事蹟。」	林肯會同意：行動勝於空談。	

✏ 為深度學習而教｜促進學生創造意義的思考工具

閱讀中，學生運用這些陳述句來積極引導他們搜尋重要的訊息，收集他們在文本裡找到的任何支持或挑戰任一陳述句的內容。圖表 5.4 顯示的是一位學生從〈蓋茨堡演說〉收集到的文本證據，在左欄記下看起來是支持某些陳述句的訊息，在右欄記下看起來是反駁某些陳述句的訊息。請注意，針對第一個陳述句，這位學生同時收集了支持和反對該陳述句的證據，這是一個很好的跡象，顯示學生已經產生內在的想法辯論和主動閱讀。

　　閱讀後，學生小組合作，摘要總結關鍵想法和回顧檢視這些陳述句、他們的預測和他們收集的文本證據。小組學生嘗試就每個陳述句達成共識（例如，「這篇文章裡的證據清楚支持或反對這個陳述句，因為……」）。對於小組無法達成共識的任何一個陳述句，鼓勵小組重寫這個陳述句，好讓所有學生都同意這篇文本是完全支持或完全反對這個陳述句。

結語

　　若詢問老師們：為理解而讀——仔細閱讀文本和運用文本證據來發展和支持自己的詮釋——有什麼重要性，你可能會得到一個普遍相同的答案：學生的成功絕對取決於它。為了幫助所有學生建立這個必要的意義創造技能，我們一直密切關注最成功的讀者如何透過閱讀來建立理解。我們更具體的把焦點放在熟練讀者如何面對文本（閱讀前）、主動和有目的的閱讀（閱讀中），以及充實鞏固他們的學習（閱讀後）。本章的工具將會幫助學生採用這種熟練讀者常用的方法，好讓他們能持續穩定的從閱讀文本當中獲得更多的意義和理解。

為深度學習而教｜促進學生創造意義的思考工具

6 預測和假設

預測和假設：是什麼？為什麼？

它會沉下去還是浮上來？一年級學生急切又緊張的看著老師把下一個物體放進一桶水裡。在測試每個物體之前，學生們會做出新的預測：它會沉下去還是浮上來？學生們看著不同的物體浮上或沉下時，教室裡隨之爆出尖叫聲。

整間教室的六年級學生突然明顯的安靜下來，看著他們的數學老師站在地板一個大大的 0 上面，開始跳起月球漫步的舞步。老師說：「既然我已經讓自己窘到跳起 80 年代的舞步了，現在，你們的工作就是要猜猜看，我的月球漫步和我們即將要學的單元有什麼關係。」（答案是要談負數的概念。）

高中社會學的學生圍坐討論他們收集到的調查資料，以驗證他們的假設：減少社交媒體的使用會降低學生的壓力程度。他們激烈辯論這些資料是支持還是反駁他們團隊的假設——或者是否需要更多的資料。

在上述的場景中，學習者都在做預測或產生和驗證假設，我們可以從這些場景發現這兩種思考歷程的教學力量。透過要求學生推測思考，然後根據結果或新證據來驗證他們想法的強度和有效性，預測和假設都能讓學生主動積極的建構意義。

所以，如果產生和驗證想法的過程是預測和假設的共同點，那麼它們之間有什麼不同呢？讓我們來仔細看看這兩種思考歷程。

預測是嘗試在某個結果發生之前預言這個結果會是什麼。人們每天都會做出許多預測。根據我們先前的經驗，有些預測幾乎是自動產生的，例如，我們會為雨天上下班尖峰時段計畫更長的通勤時間，因為我們預測此時的交通狀況會比晴天或非尖峰時段更繁忙，通勤時間也會拉長。有些預測是經過精心思考和計算的：身為經常搭飛機的旅客，本書的兩位作者都會仔細觀察機場裡美國運輸安全管理局（TSA）安檢排隊的進展，並盡量避開那些帶著嬰兒推車和不常旅行、不清楚安檢程序的人。預測也有可能只是隨意瞎猜，就像新手賭徒在拉斯維加斯玩賭輪盤一樣。有些對未來影響更為重大的預測是在面對不確定當中產生的，像是我們必須決定某個改變一生方向的行動的時刻，如選擇配偶或接受一份新工作。在做這樣的決定時，我們傾向於運用我們自己的經驗和任何能找到的證據來預測決定的後果（例如，婚姻將會圓滿，或新工作會帶來刺激的挑戰、更高的薪水和更大的滿足成就感）。

說到預測在學校和生活中的重要性，很少人能比 Judy Willis 說得更清楚。她是領有專業證書的神經科醫生，在執業超過二十多年以後離開醫界，成為一名教師。根據 Willis 的說法：

> 透過觀察、體驗和回饋，大腦持續不斷學習關於世界的種種，對於接下來會發生什麼事以及如何回應新資訊、問題或選擇，也漸漸能夠做出越來越準確的預測。這種由模式識別（pattern recognition）指引的預測能力，是成功學習語文、數學、應試、合宜的社會情緒行為和理解的基礎。成功的預測是大腦解決問題的最佳策略之一。（McTighe & Willis, 2019, p. 9）

至於假設呢？雖然「**假設**」和「**預測**」這兩個語詞經常被互換著使用——可能是因為假設讓我們能夠做出預測——但它們並非同一件事。假設是一種被提出來的解釋，而不是預測。更具體的說，它「通常是一種暫時性的、可驗證的……針對某件事物**為什麼**是這個樣子或**為什麼會**這樣發生的**解釋**」（Flammer, Beard, Nelson, & Nickels, n.d.）。因為假設是暫時性的，所以它們需要被調查和驗證。而且，那些驗證和調查的結果正是用以決定假設是否有效成立的依據。（**這些結果支持我的假設嗎？還是否定它？**）

　　關於假設的另一個常見誤解是它「僅供科學家使用」。雖然不同領域的人士對假設的定義可能略有不同，也會產生不同類型的假設，並且使用不同的方法來驗證假設——例如，歷史學家可能是透過檢視第一手資料來驗證一個假設，科學家可能進行實驗，而考古學家可能會尋找文物——但幾乎所有領域、學科和各種年齡層的人都會運用到產生和驗證可能的解釋的基本過程。

　　當歷史學家針對某個事件為什麼如此發生的原因做出有根有據的猜測，並執行研究來驗證他們的想法時，他們就是在產生和驗證假設。當廣告公司經理猜想為什麼某個廣告宣傳活動會失敗並開始調查那些可能的原因時，這位經理也是在產生和驗證假設。當一個好奇的孩子試圖找出為什麼一輛玩具車總是在坡道上擊敗其他玩具車的原因時，這個孩子也是在產生和驗證假設。因此，產生和驗證解釋的過程既普遍為人們所使用，也普遍為人們所重視。這樣的現實突顯出教導假設的重要性，不僅是在高階的科學課堂上，而且在所有學科領域和各年級層次都應該教導假設。

　　當老師將一些激發好奇心和有待解釋的資訊、觀察或現象呈現給學生看，讓學生投入假設的思考時，他們會獲得很多好處。教室裡的假設

教學能助長學生天生的好奇心，促使學習者思考、想知道為什麼。它可促進學生主動思考和參與投入，進而產生深入的理解，也能培養重要珍貴又可遷移應用的思考技能，而且也是提高學習成就的有效策略（Dean et al., 2012）。

顯然，在教室內和教室外，預測和假設都是很重要的技能，但並非所有的預測和假設都是生而平等的。合理的預測和健全的假設（相對於隨意的瞎猜和輕率的解釋）是經由模式識別和因果推理思考而得出來的。根據先前的經驗或收集到的資料，觀察、發現其中的**模式**（pattern），這樣我們就能夠推斷以預測未來可能會發生什麼事情，或是大膽提出一個理論來解釋引發某個事件或現象的**原因**。

預測和假設：怎麼做？

預測和假設都可以有效應用在每個年級和所有科目，而且如果老師努力讓學習者學習這些相關的思考技能，我們**預測**會有以下的好處：

- **在教學之始，能夠增加學生的注意力、關注焦點和好奇心**。在課程開始前，要求學習者大膽提出一個預測或產生一個假設，能夠引發好奇興趣，幫助學生梳理、找出他們的先備知識，並且讓他們的心智「準備好」面對新的學習。它也可以當作一種有力的學前評量技術（例如，明白顯現出學生的迷思概念）。
- **在整個教學過程中，讓學生更積極投入和更深入思考**。在教學過程裡融入、引用預測和假設的技能，教師可以強化學生的模式識別和因果推理，鼓勵學生發展和評估自己的想法，激發學生更進一步的研究和調查，並且培養創造意義、產生深入理解

為深度學習而教｜促進學生創造意義的思考工具

的能力。

為了幫助你獲得這些好處，我們提供了四項教學工具：

1. **預測和假設為本的釣鉤**（Prediction- and Hypothesis-Based Hooks）：提供多元方式來吸引學生的注意力，激發好奇心，並在各課和單元開始之際為新的學習布置好情境。
2. **歸納式學習**（Inductive Learning）：讓學生進行模式識別和預測，挑戰學生分析特定資訊，尋找共同點，並針對將要學習的內容做出有根有據的預測。
3. **謎題**（Mystery）：挑戰學生拼湊線索，並運用這些線索發展和支持合理健全的假設。
4. **如果—那麼**（If-Then）：鋪陳出一個產生假設、預測結果和驗證想法的簡單過程。

》 預測和假設為本的釣鉤

在一課開始時，拋出一個好釣鉤，會激發好奇心，鼓勵學生回顧、檢視他們的先備知識，並且讓學生開始建構意義——全都在這一課開始之前。雖然設計好釣鉤的方法有很多種，但很少有比讓學生做出預測或產生暫時性的假設更有效的方法了，學生可以在這一課或這個單元進行的過程中，一邊學習更多的內容，一邊驗證他們的預測或假設。以下這些是我們最喜歡的預測和假設為本、釣引學生興趣的技巧。

如果……會怎麼樣？（What If？）在一課開始之際，提出「如果……會怎麼樣？」的問題，邀請學生運用現有知識做出預測或假設，以幫助架構未來的學習框架。舉例如下：

- 如果沒有植物，會怎麼樣？你的生活會有怎樣的不同？請做一些預測。
- 如果你旅行到兩百年後的未來，發現美國不再是世界第一強國，那會怎麼樣？請提出一些關於為什麼會產生這種變化的假設。（這是用來介紹羅馬帝國何以衰亡的課程。）
- 如果負數不存在，會怎麼樣？
- 如果沒有規範或法律來影響我們的行為，會怎麼樣？（這是用來介紹小說《蒼蠅王》的問題。）
- 如果美國憲法的制憲者在當初草創之時真的能確保所有美國人都獲得平等的權利，那會怎麼樣？
- 如果學校更強調提升創造力的重要性，會怎麼樣？

是的，但是為什麼？（Yes, But Why？）這種提問技巧，要求學生針對那些常被視為理所當然或學生常會過度簡化的內容，深入思考其重要面向背後的原因，邀請學生提出假設。例如，如果你問學生為什麼液體會經由吸管上來，他們典型的回答是吸一下吸管就會讓液體上來。（追問「是的，但是為什麼？」，答案是吸一下吸管會造成吸管內的氣壓比吸管外的氣壓小，導致一種不平衡狀態，使得更多液體被擠進吸管裡。）「是的，但是為什麼？」可用來設定學生即將開始探索的主題之探究問題。以下是一些示例：

- 是的，有些動物冬眠，有些則不冬眠。但是為什麼？
- 是的，不可能除以零。但是為什麼？
- 是的，許多學校禁止閱讀《麥田捕手》。但是為什麼？
- 是的，用小調譜成的歌曲聽起來通常有點悲傷。但是為什麼？

令人迷惑的問題；逗引興趣的資料（Questions That Puzzle; Data That Teases）。以一個令人迷惑的問題或一些讓人驚訝、引人入勝或違反直覺的資料開始上課，是自然激起好奇心和吸引學生投入預測或假設的一種方式。以下是一些示例：

- 一位中學科學老師向學生展示一幅蕨類植物化石的圖片，以及一張顯示各個大陸上曾經發現類似化石的位置的地圖。然後老師提出了這個問題：「如何運用這些資料來支持『地球的各個大陸曾經是一塊巨大超級大陸』的說法？」

- 一位美國歷史老師要求學生針對這個問題提出一些解釋：為什麼社會大眾對美國介入越南戰事的支持率在短短兩年內從將近70%下降到不到40%？

- 一位五年級老師要求學生預測：當你在地球大氣層裡越升越高時，溫度會發生什麼變化？大多數的學生預測溫度會穩定上升（「因為你離太陽越來越近」）。其他曾經體驗過高山上溫度變冷的學生做出相反的預測——亦即，海拔越來越高，溫度越來越低。因此，當老師呈現一張數據圖表（見圖表 6.1）時，所有學生都感到困惑不解，那張圖表顯示，當你在地球大氣層裡越升越高，溫度既沒有穩定上升也沒有穩定下降。在播放解釋為什麼會發生這些變化的影片之前，老師要求學生運用他們學到的有關地球大氣層的知識來產生一些可能的假設。

- 一位小學老師正要開始教睡眠時間的主題單元，他使用這些問題來勾起學生的興趣，讓他們推測思考：「為什麼我們會需要睡眠時間？如果允許小孩隨心所欲的熬夜、不睡覺，可能會發生什麼事？」

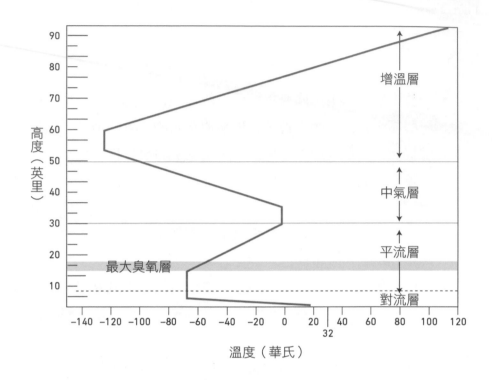

圖表 6.1　大氣層裡的溫度變化

不一致的事件（Discrepant Events）。出乎意料的結果和反常的事件會激起好奇心，因為它們挑戰我們對世界和事物如何運作的理解。更好的是，從教學的立場來看，它們促使學生對於發生了什麼事和為什麼會如此產生假設。例如，一位中學科學老師利用一個意想不到的現象來開始科學探究：他把兩個裝滿蘇打汽水的罐子放進一個裝水的容器中，儘管兩個罐子裡的液體體積是相同的，其中一罐沉下去，另一罐卻浮上來。學生們提出並分享為什麼這兩個罐子狀況不同的假設，老師將這些假設記錄在黑板上。接下來的課程裡，學生的任務是檢驗各種假設，找

　✏️ 為深度學習而教｜促進學生創造意義的思考工具

出引起不同結果的原因。（主要原因是糖。一個罐子裡裝的是普通的蘇打汽水，另一個罐子裡裝的是無糖蘇打汽水，這會影響每個罐子的密度——但不會影響其體積。）為了延伸學習，老師鼓勵學生嘗試實驗其他可能造成不同結果的變因，學生們實驗的變因包含鹽度（在水中加鹽）、水溫和容器類型（例如，玻璃瓶相對於金屬罐）。

水晶球（Crystal Ball）。這個技巧是要求學生仔細觀看一個「水晶球」，內含即將要上的單課或單元裡的特定事實或細節，然後挑戰學生預測他們即將要學的是什麼。一開始，在黑板上畫或投影出一個水晶球，在水晶球裡面放入一組跟即將要上的課程有關的字詞、片語或圖片。利用水晶球裡的這些內容，學生必須預測這一課是關於什麼。為了增加懸疑感並讓過程更具互動性，水晶球裡一次只出現一項內容，在呈現一個項目之後，請學生修正他們的預測。例如，在開始天氣單元之前，一位二年級老師在白板上投影出一個水晶球。每點擊一次，水晶球裡就會出現一張有助於學生預測本單元主題的新圖片，圖片包括一件厚重的冬季夾克、一棵沒有葉子的樹、一把雨傘、太陽和溫度計。一位高中英語老師在投影的水晶球上，一次一句的呈現《馬克白》第二幕的八句台詞，根據這些台詞，學生預測這一幕戲劇裡會發生什麼事。然後，當他們閱讀第二幕時，學生收集證據來支持或否定他們的預測。

》 歸納式學習

增進學生預測能力的方式之一是教他們如何歸納思考。當學生能夠分析片段、片段的資訊並識別其中的模式時，他們做出健全、合理預測的能力也會相應跟著一起增長。歸納式學習是根據 Hilda Taba 開創性的研究而發展出來的一種教學策略（Taba, Durkin, Fraenkel, & McNaughton,

1971），旨在幫助學生學習運用歸納的力量來發現大概念和做出明智、有所依據的預測。這個工具的一大好處是挑戰學生自己建構出他們正在學習的內容的整體概念架構——這是一個大膽的教學舉措，對學生的理解能夠產生巨大的影響。要在你的教室裡運用歸納式學習，請按照以下步驟操作：

1. 確定你將要呈現或教授的內容（例如，一篇閱讀文章、一課或一單元）裡的大概念。

2. 選擇 15 到 40 個跟你的大概念相關的語詞或片語，請力求這裡面混合著學生熟悉和不熟悉的語詞。

3. 將這些語詞分發給學生，允許學生查找任何他們不熟悉的語詞。

4. 將學生分成小組，要求他們分析這些語詞和探索這些訊息可以用哪些不同方式來分類。如果學生不熟悉這個過程，請使用學生能產生高度共鳴的主題（例如：雜貨店的物品）來示範這個過程。

5. 挑戰學生分類所有的語詞。（請注意，學生可以將同一個語詞放入多種分類當中。）學生必須針對他們所做的每一種分類，擬出一個描述型的標籤，以體現此分類的大概念。小建議：鼓勵學生超越顯而易見的分類來思考——試著尋找有趣的關係，以及將他們最初的分類合併成更大、更具包容力的分類方式。

6. 要求學生檢視他們的分類和標籤，並用它們來預測即將要學的內容。

7. 隨著學習過程的進展，要求學生收集支持或否定每個預測的證據。學生應該依據新的學習來修正他們的預測。

在《核心六大策略》（*The Core Six*）（Silver, Dewing, & Perini, 2012）裡，有個例子描述一位中學教師運用歸納式學習設計了關於密西西比印第安人的課程，讓學生能夠建構自己對學習內容的概念性理解。她從提供學生 25 個支持課程大概念的特定語詞開始，例如，為了幫助學生發現農業對密西西比印第安人的重要性，她將**西葫蘆**（squash）和**豆類**（beans）等常見語詞跟**作物輪作**（crop rotation）和**挖掘棒**（digging sticks）等新的學科用語混在一起。學生們分小隊合作，一起分析所有 25 個語詞，查找新語詞，並且根據共同特徵來分類常見語詞。學生針對他們所做的每一種分類，擬出一個描述型的標籤，以闡明此分類裡的各個項目有什麼共同點。其中一個小隊創造出如圖表 6.2 所示的一系列分類和標籤。

學生一旦發展出他們的大概念分類之後，老師接著挑戰他們運用這些分類，針對密西西比印第安人做出三個預測。創造出圖表 6.2 分類標籤的學生小隊做了以下的三個預測：

1. 密西西比印第安人是農人。
2. 相較於我們所知道的早期前殖民時代的人，他們的服飾更加精緻。
3. 他們相信有來生。

學生繼續學習和了解密西西比印第安人的過程中，不斷收集能夠證實或挑戰他們的預測的證據，並根據新的學習來修正他們的思考。

如同前面的例子所示，歸納式學習是在某一課或單元開始之前，幫助學生創造意義和產生預測的好方法。它也是一種高度通用的策略，可以其他多種方式來運用，包括下列方式：

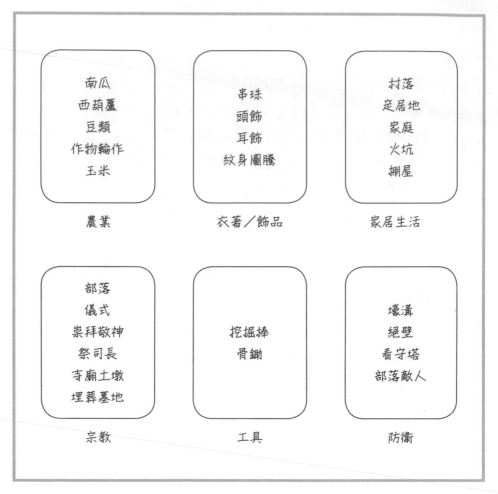

南瓜
西葫蘆
豆類
作物輪作
玉米

農業

串珠
頭飾
耳飾
紋身圖騰

衣著／飾品

村落
定居地
家庭
火坑
棚屋

家居生活

部落
儀式
崇拜敬神
祭司長
寺廟土墩
埋葬墓地

宗教

挖掘棒
骨鋤

工具

壕溝
絕壁
看守塔
部落敵人

防衛

資料來源：引自 *The Core Six: Essential Strategies for Achieving Excellence with the Common Core* (p. 30), by H. F. Silver, R. T. Dewing, and M. J. Perini, 2012, Alexandria, VA: ASCD. © 2012 ASCD.

- **複習已經學過的內容**。在單元快結束時，給學生他們已經學過的語詞，並挑戰他們創造出一個概念圖，以展現他們對於單元裡的大概念和支持每個大概念的細節的理解。
- **發展學生的分類技能**。例如，一位小學教師安排了學校附近的實地考察，讓學生尋找他們能找到的所有生物或生物的跡象。回到教室，學生彙整所有的發現，並與老師合作，為他們找到的各種生物發展出一個分類系統。
- **幫助學生辨識非語言資訊當中的規律或模式**。提供給學生分類和下標籤的資料不是語詞，改而嘗試運用藝術課的圖畫、數學課的方程式、科學課的各種生物群落的照片等等。
- **培養學生寫作前的計畫技能**。教學生如何在寫作前產生想法，將他們的想法分成幾類，並以每個分類作為每個段落的基礎。挑戰學生為每個段落創作一個主題句，說明這個段落會是關於什麼，並且運用他們收集的想法作為每個段落裡的支持細節。

》 謎題

謎題（Silver et al., 2007）透過呈現跟學習內容相關的「謎題」，挑戰學生利用老師提供的「線索」來發展和檢驗可能的解釋，使得產生和驗證假設的過程變成學生**想要**參與的過程。線索可以採用任何形式（例如，數據表、影像、長條句卡），學生調查研究的現象可以來自任何學科領域。例如，科學教師可能會挑戰學生解開恐龍為何消失的謎題，而藝術教師可能會挑戰學生找出為什麼印象主義——歷史上最著名的藝術運動之一——會被當時的藝術評論家憎恨討厭。

運用謎題進行教學的整體結構和流程，與歸納式學習挺類似的：學生分析片段、片段的資訊，將相關的片段組織分類，並給予這些分類描

述型的標籤。不過，在謎題課裡，學生分析和分類的是**線索**而不是**語詞**，產生的是**假設**而不是**預測**。而且，教師也會以不同的方式開始謎題課——具體而言，是將他們希望學生理解的一個事件、現象或概念架構成一個謎題。

例如，一位社會科教師希望學生理解是哪些因素引發大航海時代，他呈現這個謎題來激起學生自己去發現這些因素的動機：「在歐洲歷史大部分的時間裡，沒有人真正努力透過航海去探索世界。為什麼在十五世紀，突然之間，出現了『探索爆炸』的熱潮？」

老師在安排學生分成小隊並分發他所開發的「線索」（紙條上面寫著引發和助長探索爆炸的各種因素）後，接著指示學生將相關線索分類，並運用這些分類來產生暫時性的假設：「為什麼十五世紀的這個時機剛剛好？」圖表 6.3 顯示的是一個小隊所做的線索分類，以及這些分類引導學生發展出來的假設。

圖表6.3　學生小隊的線索分類和假設

線索4：到了哥倫布的時代，地圖製作的科學技術變得越來越精細又準確。

線索9：星象儀和航海羅盤這類工具的發明，使得人類可以進行比較長程和困難的航海旅程。

線索20：新型的卡拉維爾帆船航行得比以往的船隻更快、更容易。

我們假設：15世紀的這個時機剛剛好，是因為科技和地圖製作都有了更先進的發展，使得人類能夠更安全地遠洋航行。

資料來源：引自 *Tools for Classroom Instruction That Works: Ready-to-Use Techniques for Increasing Student Achievement* (p. 213), by H. F. Silver, C. Abla, A. L. Boutz, and M. J. Perini, 2018, Franklin Lakes, NJ: Silver Strong & Associates/Thoughtful Education Press and McREL International. © 2018 Silver Strong & Associates.

  為深度學習而教｜促進學生創造意義的思考工具

學生創造出來的不同線索分類產生了其他因素——包括擴大傳播基督教的渴望、國家之間的競爭和陸上貿易路線的喪失——也導致探索爆炸的假設。全班在課堂上分享了他們的假設和支持的「線索證據」之後，學生運用教科書裡關於大航海時代的一段說明文字來檢驗和修正他們的假設。

》 如果—那麼

　　產生和驗證假設的過程是各領域專家用以創造意義和推進想法的最有效方式之一，但許多學生認為「假設」一詞等同於猜測。「如果—那麼」這項工具能夠澄清真正的假設是什麼，並且勾勒出一個簡單的產生和驗證假設的過程。而因為學生在驗證他們的假設之前要先預測此假設將會導致什麼樣的結果，所以這項工具其實也融入了預測技能。

　　想要在教室裡運用「如果—那麼」，請遵循下列步驟：

1. 將學生的注意力聚焦在一個需要解釋的現象上（這個現象可以是學生直接觀察到的現象，也可以是其他人觀察或報導的現象——例如，最近食物過敏案例的增加）。然後提出一個問題，要求學生對這個現象做出可能和合理的解釋。

   例：一位高中商業課程的老師在挑戰學生思考如何設法增加學校小吃攤的利潤後，提醒學生注意這個事實：淨利率最低的漢堡（克蘭代爾起司漢堡）的銷售量超過菜單上其他利潤更高的漢堡——並且挑戰學生提出為什麼的可能解釋。

2. 邀請學生發展、提出解釋，然後跟全班分享他們的解釋。教導學生，他們提出來的這些解釋稱為假設。

   例：

   假設#1：克蘭代爾起司漢堡的銷售量超過其他漢堡，因為它是

菜單上列出的第一個漢堡。

假設#2：克蘭代爾起司漢堡的銷售量超過其他漢堡，因為它的價格最低。

假設#3：克蘭代爾起司漢堡的銷售量超過其他漢堡，因為它是唯一有彩色照片的漢堡。

3. 提出（或挑戰學生提出）一種或多種方法來驗證他們的假設。提醒學生要驗證一個假設可以使用不同的方法，包括做實驗、觀察、計算或分析現有資料。

   例：關於如何驗證他們提出的各種假設，學生可能會提議這樣的方法：改變漢堡在菜單上的先後位置，統一所有漢堡的價格，或加上其他漢堡的彩色照片。

4. 如有必要，幫助學生充實和改進他們提出的實驗方法或驗證設計。

5. 要求學生思考和預測：如果他們的假設是正確的，那麼他們提出的實驗方法或驗證設計的結果會是什麼。學生的預測應該使用「如果—那麼」的格式，如下所示：

   如果加上某種漢堡的彩色照片會增加銷售量是正確的，

   （假設）

   那麼我們可以期待加上較高利潤漢堡的彩色照片

   （驗證）

   將會導致這些較高利潤漢堡的銷售量增加。

   （預測的結果）

6. 要求學生進行他們提議的驗證或實驗，並記錄結果。如果因為資源、技能程度或任何其他因素的限制，導致學生提議的實驗無法進行，請提供可以讓學生分析和運用的樣本資料，以完成步驟 7。

7. 詢問學生在第 5 步驟所做的預測是否正確。如果正確，學生應該做出結論，說明他們的實驗資料支持他們的假設。如果不正確，學生應該修改他們現有的假設來解釋結果，或者提出全新的假設。

結語

　　預測和假設是與生物體生存息息相關的人類基本思考技能。透過運用本章介紹的工具，教師可以邀請學生做出預測並為之辯護，或者產生和驗證假設。在這樣做的過程中，他們會激發興趣，同時練習觀察、因果推理、歸納思考、模式分析和理由論證等伴隨的技能。運用這些有價值的思考技能可以產生深度的學習，並且幫助學科內容在課堂上變得鮮活生動起來。

為深度學習而教 ｜ 促進學生創造意義的思考工具

7 視覺化和圖像表徵

視覺化和圖像表徵：是什麼？為什麼？

請回想高中時期的一段記憶。

不，認真的。請配合——我們很有禮貌的請求你。

如果有幫助的話，請閉上眼睛。這很重要，我們要在這上面賭一把。

所以，你想起一段記憶了？好，現在來看看我們是否賭贏了。

我們不是賭徒，但這是我們願意做的一個賭注：我們打賭你回想起來的記憶是以圖像形式出現的。這是個勝算很高的賭注，因為人類理解和保留重要資訊的方式，就是透過抓取這些資訊的主旨要點，進而形成心理模型（mental models）。這也就是為什麼視覺圖像化在教室裡是非常強效有力的工具：它運用的是大腦做得出奇的好的事情——以及大腦如何創造意義的方式。《有效的課堂教學》（*Classroom Instruction That Works*）的作者，引用大腦研究者 John Medina（2008）的著作來解釋非語言策略之所以「強力有效，因為它們利用學生喜好視覺圖像處理的天性，這能幫助他們建構相關內容和技能的意義，而且往後也比較容易回想起來」（Dean et al., 2012, p. 64）。因此，研究者綜合分析課堂上運用非語言表徵的許多研究，發現它對學生的學習成就有顯著且正向的影

響（Beesley & Apthorp, 2010; Dean et al., 2012），這樣的結果也就不足為奇了。

視覺圖像化能提升學生意義創造能力的原因之一，與所謂「**雙重編碼**」（dual coding）有關係（Paivio, 1990）。說明雙重編碼最好的方式就是這句古老的諺語：「兩個總比一個好」，但有一句重要的補充：「……尤其是當兩個運作如同一個的時候。」雙重編碼之所以有效，是因為它利用了大腦用來處理資訊的兩個截然不同的管道：視覺管道以及口語或語言管道。這兩個管道相互合作，每個管道都可以增強另一個管道的力量，使得雙重編碼成為提升學生理解和記憶所學內容的高效方法。

從更廣泛的層面來說，視覺圖像化有助於意義的創造，因為將資訊轉換為視覺圖像形式的行為本身就是一種轉化，這需要學習者積極主動的處理資訊。而且請記得，視覺圖像化並不是只有圖片和象徵符號而已，組織圖表也提供了另一種可以大大增進學習效果的非語言表徵方式。在本章，我們將透過圖像和圖像製作以及輔助非語言表徵的組織圖表來探討視覺圖像化的運用。

視覺化和圖像表徵：怎麼做？

如果視覺圖像化的力量如此強大，那麼教師應該怎麼做呢？有哪些有效的方法可以運用來增進學生意義創造的能力？教師如何能在不必重新設計目前教法的狀況下，將視覺化和圖像表徵融入日常教學中？為了幫助回答這些問題，我們介紹以下五項教學工具。在課堂上審慎的運用這些工具，將使你和你的學生能夠駕馭視覺化和圖像表徵的意義創造力量。

1. **不要光說，秀出圖像**（Don't Just Say It; Display It）：這項工具簡單的提醒學生精心挑選的圖像對他們的理解能夠產生什麼樣的影響力，尤其是在課堂講解和對話當中解釋與討論這些圖像的時候。

2. **分割畫面**（Split Screen）：以邀請學生透過圖像和文字來處理新學習內容的方式，幫助你將雙重編碼天衣無縫的融入課堂講解和學習經驗當中。

3. **心靈之眼**（Mind's Eye）：教導學生如何在閱讀前創造心理圖像，然後利用這些圖像深入理解文字，從而增進閱讀理解能力。

4. **字詞彙圖像化**（Visualizing Vocabulary）：挑戰學生將其知識轉化為象徵符號或圖標，然後解釋這些象徵符號是如何表示相關概念的核心必要資訊，從而促進學生對於關鍵概念和字彙語詞的深入理解。

5. **組織圖表**（Graphic Organizers）：展現出文字資訊可以如何以視覺圖像的方式來組織，幫助學生看見他們所學內容的整體輪廓——以及重要內容區塊之間的關係。

❱❱ 不要光說，秀出圖像

　　每個人都知道「一張圖勝過千言萬語」這句話，包括大腦研究人員。的確就像 John Medina（2008）指出的：「簡單來說，輸入的資訊越是視覺圖像化，就越有可能被辨識——和回想起來。」（p. 233）「不要光說，秀出圖像」鼓勵教師將這句老話牢記在心，在課堂講解中融入相關的圖像，並解釋所選的圖像與目前所教的學科內容之間的關係。例如，如果你正在教**互利共生**（mutualism）的概念（兩種不同物

種的生物一起合作，彼此都從這種關係獲利），你可以展示和解釋圖表7.1 的照片來幫助學生產生具體化的理解。這張照片顯示互利共生這個抽象概念實際是如何運作：鳥從犀牛的皮膚皺褶裡獲得食物，犀牛獲得除去寄生害蟲的好處——而學生也因此獲得更明確的理解。如果你要求學生解釋為什麼這張照片是「互利共生」的好表徵，而不是自己提供解釋，學生的理解就會變得更加深入。

　　請隨時留意可以融入課堂講解的圖像，用以具體說明你希望學習者理解的關鍵概念。或者也可以如下一個方法所述的，邀請學生自己創造圖像。

圖表 7.1　互利共生的視覺圖像

為深度學習而教｜促進學生創造意義的思考工具

》 分割畫面

你可以擴增視覺圖像化的好處，透過賦予學生責任去發展出自己的圖像，並解釋這些圖像如何代表他們的理解。分割畫面（Silver et al., 2018）為學生建立這個重要的技能，教導他們如何先透過圖像、再透過語言來處理和編碼新學的內容，特別有助於讓課堂講解和呈現的內容變得對學生而言生動又有意義。

要在課堂中使用分割畫面這項工具，請遵循這些基本的步驟：

1. 將你要在課堂上呈現的資訊組織成有意義的區塊。例如，關於中國長城的講解可以分為以下四個區塊：（1）它是誰建造的？（2）它是如何建造的？（3）為什麼要建造它？（4）它有什麼驚人之處？

2. 呈現單一一個內容區塊。停下來，指導學生思考最重要的想法，以及他們可以如何利用視覺圖像來代表這些想法。給學生一或兩分鐘的時間在分割畫面組織圖表上畫出他們的表徵方式（參見圖表 7.2）。

3. 學生畫完之後，讓他們兩兩或小組討論，比較彼此的圖像，猜測彼此的圖像代表什麼，並討論他們試著用這些圖畫來捕捉什麼樣的大概念。

4. 要求學生在組織圖表的右側欄位裡，解釋他們的圖像是如何摘要總結學習內容呈現的大概念和細節。

5. 重複步驟 2 到 4，直到呈現和處理完所有的資訊區塊。

主題：Snake skin　（蛇皮）

	簡要圖畫	大概念和重要細節
1	befor / after skin / skin	snake skin does not grow the snakesheads so it can keep on growing 蛇皮不會長大。 蛇要蛻皮，這樣牠才能繼續長大。
2	befor / after	tiny animals called Parisites eat the snake the snake sheads to get rid of the Parisites 叫做寄生蟲的小動物會吃蛇， 蛇蛻皮可以擺脫寄生蟲。
3		Snakes shead many times as they get older 蛇在逐漸長大的過程中，會蛻皮很多次。

資料來源：引自 *Tools for Classroom Instruction That Works: Ready-to-Use Techniques for Increasing Student Achievement* (p. 136), by H. F. Silver, C. Abla, A. L. Boutz, and M. J. Perini, 2018, Franklin Lakes, NJ: Silver Strong & Associates/ Thoughtful Education Press and McREL International. © 2018 Silver Strong & Associates.

在介紹這項工具時，請花時間教學生如何使用圖像而不是文字來做筆記，示範你如何使用視覺圖像來抓取某個內容區塊的大概念。至關重要的是學生要了解畫出圖像的真正目的——不是要畫出每個細節，而是簡單畫出圖像以抓住重要的想法。

圖表 7.2 顯示的是二年級學生的分割畫面筆記。請注意這位學生如何畫出蛇如何蛻皮和為什麼蛻皮的大概念，然後在右側欄位裡解釋每個圖像代表的意思。顯然，這位學生對重要資訊有深刻的理解。

》 心靈之眼

一邊閱讀一邊建構心理圖像的能力，對於閱讀理解有顯著且正向的影響（Wilhelm, 2012）。心靈之眼〔Silver et al., 2018; 改編自 Brownlie & Silver（1995）和 Pressley（1979）〕這項工具教學生如何在閱讀前創造心理圖像，然後在閱讀過程中運用這些圖像幫助他們理解、創造意義。它也是增加學生投入度的絕佳助推器，因為它可以提高學生對他們閱讀文本的興趣，並且創造出閱讀的動機目的。心靈之眼最適合用於中短篇的虛構文本（如短篇故事、寓言、小說的章節）和情節導向的非虛構文本（如傳記的摘錄、自傳或回憶錄）。

在讓學生閱讀之前，老師先從文本裡選擇 10 到 20 個關鍵字詞或片語。所選的字詞和片語應該包含能夠幫助學生在腦海中描繪出文本內容的視覺或其他感官訊息。這些字詞還應該揭示文本關鍵面向的資訊（例如，關於故事場景的字詞和片語，像**熱帶島嶼、帆船**和**椰子**；關於人物的字詞和片語，像**衣著考究、傲慢**和**自誇**；關於行動的字詞和片語，像**尖叫、欺騙**和**逃命**）。教師慢慢的朗讀每個字詞或片語，在適當的時候加入強調、聲音效果或情緒。與此同時，學生們閉上眼睛，試著在心中想像故事。隨著每個字詞，學生調整他們的心理圖像。在學生根據所選

字詞，針對文本創造出一種心理「電影」（mental movie）後，邀請他們從以下活動中選擇一項或多項活動：

1. 畫出他們心理電影當中的一個場景。
2. 提出他們對這個故事的問題。
3. 對這個故事進行預測。
4. 描述他們的圖像所喚起的感受或個人經驗連結。

　　例如，一位老師在讓三年級學生閱讀芭芭拉・庫尼（Barbara Cooney）的經典兒童文學作品《花婆婆》（*Miss Rumphius*）之前，先向學生大聲朗讀文本裡的一組關鍵字詞。學生使用這些字詞來創造他們的心理電影，然後完成所有四項心靈之眼的活動。圖表 7.3 顯示的是一位學生的習作。

　　現在，學生已經準備好主動閱讀，他們將帶著目的來閱讀和處理文本：尋找他們所提問題的答案、評估他們的圖像和預測的準確性，以及思考他們對故事的感受產生什麼樣的變化。

》》 字詞彙圖像化

　　關於字詞彙習得的研究，相當強調教學時將字詞彙當作概念的重要性，而非只是需要記憶背誦的生字語詞（Marzano, 2009）。這種教學取向可以透過視覺圖像化，以及更具體的挑戰學生創造出代表他們對重要字詞彙的概念性理解的圖像來增強效果。我們正在學的這個字詞的關鍵屬性是什麼？學生如何才能最適切的表徵其中一個或多個關鍵定義型的屬性？字詞彙圖像化（Silver et al., 2018）讓學生在學習概念和字詞彙的過程中，經歷一場挺有學習成效的奮鬥——努力將他們的理解轉化為圖像或象徵符號，並且解釋為什麼他們的圖像能夠適切的表徵他們正在學

關鍵字詞：爺爺，藝術家，故事，圖書館，書本，帆船，遙遠的地方，熱帶島嶼，海邊，椰子，高山，叢林，獅子，海邊的小屋，朋友，瘋狂，種子，花，美麗，快樂

心靈之眼組織圖表

書名：花婆婆	作者：芭芭拉‧庫尼
圖畫	感受或個人經驗連結 我覺得很平靜。有很多的語詞讓我覺得很平靜，像是海邊、圖書館、快樂和美麗。
問題 有些人覺得花婆婆很瘋狂嗎？為什麼他們會這樣想呢？	預測 我認為花婆婆會坐著帆船去遠遠的地方，像是熱帶島嶼和叢林。 或者，她可能會在圖書館裡閱讀很多書，想像她去到這些地方。

資料來源：引自 *Tools for Classroom Instruction That Works: Ready-to-Use Techniques for Increasing Student Achievement* (p. 131), by H. F. Silver, C. Abla, A. L. Boutz, and M. J. Perini, 2018, Franklin Lakes, NJ: Silver Strong & Associates/Thoughtful Education Press and McREL International. © 2018 Silver Strong & Associates.

的字詞彙。這項工具同時也讓學習變得個人化，因為學生產生的圖像代表著他們自己的理解，而不是教科書或教師告訴他們的定義。當學生在學習新的字詞彙時，建立這種個人創造的意義是特別有助益的（Dean et al., 2012）。例如，一位小學生運用這個工具來畫出圖像，並解釋自

己對**自由**一詞的理解（見圖表 7.4）。

Freedom is the right to do what you want.

自由是有權利去做你想要做的事。

圖畫：

解釋：

This bird has freedom. It is not in the cage. It is flying in the sky.

這隻鳥擁有自由，牠沒被關在籠子裡，可以在天空自由飛翔。

資料來源：引自 *Word Works: Cracking Vocabulary's CODE* (2nd Edition) (p. 39), by Thoughtful Education Press, 2008, Franklin Lakes, NJ: Author. © 2008 Thoughtful Education Press.

　　你可以運用字詞彙圖像化將注意力特別放在少數的關鍵概念，也可以更有系統的運用，幫助學生理解在課程單元裡遇到的多個學科術語的意義。要配合整個單元的學科術語運用這項工具，請遵循以下步驟：

1. 找出這個單元當中最重要的概念和術語。請將你的注意力焦點集中在關鍵概念和學科術語上，而不是每個新術語上。

2. 提供或要求學生創造一個五欄式術語彙編表（見圖表 7.5）。介紹這些術語，並且讓學生在彙編表中寫下每個術語及其在教科書或字詞典裡的定義。

3. 隨著學生對每個術語的學習和了解越來越多，鼓勵他們用自己的話重寫定義。

4. 告訴學生，一旦他們覺得自己對這個術語有扎實的理解之後，他們應該創造一個代表這個術語的圖像或象徵符號，並且解釋為什麼他們的圖像可以適切的代表這個術語。

5. 讓學生以小組或全班形式分享他們的圖像和解釋，並且給學生機會依照他們的選擇來添加或修改他們的定義和圖像。

6. 鼓勵學生使用他們的術語彙編表作為學習指引。

圖表 7.5　一位學生的字詞彙圖像化彙編表：電影入門介紹（節錄）

術語	教科書定義	我的定義	圖像／符號／圖標	解釋
敘事 (Narrative)	關於內容的選擇和順序的安排的電影結構	一部電影的故事或情節		我在電影螢幕上畫了一本書，表示這部電影是在說一個故事，稱為敘事。
寫實主義 (Realism)	感興趣或關心的是實際或真實發生的事	一種電影製作的風格，焦點放在真實人生和人們實際上如何過生活。		我畫了一個平常人站在一間平常的屋子外頭。那面鏡子反映出他們的樣子，因為寫實主義反映或展現真實的人生。

最後，請記住，視覺圖像以外的非語言表徵形式也可用於加深對關鍵字詞彙的理解。正如教育作家和顧問 Bj Stone（2016）提醒我們的，當學生使用多種非語言方式來表示字詞術語的時候，

> 會增加他們理解更深入和記憶保留更長久的可能性。例如，學生在學習 defenestrate（意思是把東西扔出窗外）時，可能以身體動作示範這個字彙，接著簡單畫出 defenestrate 的樣子。最後，老師應該給學生時間創造自己的心理圖像，展現他們是如何理解 defenestrate 的意思。（第 7 段）

》 組織圖表

就像運用豐富圖像的教學法一樣，組織圖表也是利用視覺圖像化所提供的自然促進學習的功能，但組織圖表不只是透過象徵符號、圖標或圖畫來增強理解，它的運作方式更像是學科內容的地圖，給學生一個整體的圖像組織架構，用來表徵各種事實、概念以及它們之間的關係。組織圖表可以採用非常多種的形式，也有各式各樣的用途，可以用來：

- 以比較具體的形式來表示抽象的資訊。
- 描述事實和概念之間的種種關係。
- 建立新資訊與先備知識之間的關聯。
- 將教與學的焦點放在最重要的想法上。
- 產生想法和組織思想，以利說話、寫作表達及多媒體呈現。

組織圖表的使用能強化意義的創造，促進對重要內容的深入理解——尤其是再加上提問和摘要總結來強化的時候。在本節中，我們將更仔細的研究四種不同類型的組織圖表：前導組織圖、故事地圖、概念圖

  為深度學習而教 | 促進學生創造意義的思考工具

和學生自創的組織圖表（第五種組織圖表是第三章已經討論過的網狀圖）。

　　前導組織圖（advance organizers）為學習者呈現一個基本架構，以顯示學生將要學習的主要內容區塊。學生使用這個組織圖表將新資訊整合到更大的架構當中，並建立他們對內容的理解。這裡舉一個例子說明如何充分發揮前導組織的力量。請回想你是如何學習美國憲法的，你記得什麼？如果你的歷史老師以展示圖表 7.6 的簡單組織圖來開始班上的憲法單元，那會怎麼樣呢？

圖表 7.6　顯示美國憲法重要部分的前導組織圖

　　現在，想像這個組織圖在教學前、中、後都會指引你的學習，所以……

- 在輸入任何教學內容之前，老師會呈現這個前導組織圖，幫助你了解將要學習的內容資訊是如何組織結構的。
- 在教學之中，老師會在每個主要內容區塊之後停下來，讓你有機會在合適的空格裡收集相關資訊，提醒你檢視筆記內容、修改成正確的內容或加入新見解，並針對每個內容區塊提出值得思考的問題，以幫助你深入處理新的學習內容。
- 在教學之後，老師會要求你複習所學內容，並用你自己的話摘要總結。

這種以清楚的區塊呈現學科內容的方式，加上持續的形成性評量來指引意義創造的過程，能夠對學生的理解產生巨大的影響（Schmoker, 2018）。此過程很重要的一個部分在於你使用的前導組織圖必須搭配學科內容的具體細節，例如，如果學生要學的是昆蟲和蜘蛛之間關鍵的相同和不同處，你就要選擇比較組織圖；如果你要教的是解線性方程式的程序，你可能要選擇流程圖或順序組織圖。好消息是最常見的組織圖表都可以在網路上找到，例如，世界頂級教育研究機構之一的 McREL 國際組織，就收集了一些最常用的組織圖表，供各界下載：https://www.ascd.org/ASCD/pdf/books/dean2012_downloads.pdf。

故事地圖（story maps）是另一種組織圖表（見圖表 7.7），非常適合教導學生認識敘事的結構，能讓故事鮮活起來的通用設計元素變得清晰可見。故事地圖可用以幫助比較年幼的學生了解幾乎所有故事都包含共同的元素，也可以幫助各種年齡層的學生理解各種形式的故事：寫在書上的、他人講述的，或電影、電視、設備螢幕上看到的故事。故事地圖還可用來培養寫作技能，指引學生計畫和創作自己的虛構想像及生活敘事的故事。

為深度學習而教｜促進學生創造意義的思考工具

姓名：＿＿＿＿＿＿＿＿　　　　　日期：＿＿＿＿＿＿＿＿

● 故事地圖 ●

主要的人物是誰？簡要的描述他們。

故事的**場景**是什麼？描述這個故事發生在哪裡、在什麼時候？

故事裡的**問題**或衝突是什麼？

事件發生的順序是什麼？
（首先，接著，然後……）

這個問題或衝突是如何解決的？
（**結局**）

資料來源：引自 *Tools for Conquering the Common Core: Classroom-Ready Techniques for Targeting the ELA/Literacy Standards* (p. 73), by H. F. Silver and A. L. Boutz, 2015, Franklin Lakes, NJ: Silver Strong & Associates. © 2015 Silver Strong & Associates.

根據你的教學目標和學生的年齡層，可以用多種方式調整故事地圖。例如，我們認識的一位老師想要學生注意情節的發展，所以特別強調故事地圖裡重要事件的順序安排和啟示意涵。她的故事地圖有八個方格，每個方格裡都有一個句子起始語，讓學生完成句子。這八個句子起始語分別是：**有一個人……在某個地方……想要……但是……所以……然後……因此……最後……**。

　　概念圖（concept maps）是第三種組織圖表，教學生如何以學科專家的方式組織想法和吸收新知識：「以指引他們進行學科領域思考的核心概念或『大概念』為中心」（National Research Council, 2000, p. 36）。因為這樣的方式，學科專家——以及，引申來說，學習像專家一樣思考的學生——可以更快、更好的記憶儲存和回想起相關知識，使他們能夠在需要時運用這些知識，並遷移應用到不同的情境當中。

　　當學生面對複雜或抽象的資料時，概念圖特別能有效幫助他們理解和創造意義。教學生如何使用概念圖，意味著教他們如何：（1）從一個普遍（上位）概念開始；（2）以這個普遍概念為中心，有層次的組織安排下位概念；（3）運用連接線條，以及更重要的，解釋每種關係的文字，闡明各個概念之間的關係。圖表 7.8 呈現的是一個學生在學習公制測量時所創造的概念圖例子。請注意這個概念圖是如何將上位概念**物質**放在頂端，並用視覺化的線條和簡要解釋的文字來顯示上、下位概念之間的關係。

　　概念圖有幾種運用方式，可以由教師發展並用來當作前導組織圖，或是由學生自己創造概念圖來幫助他們創造意義、表徵自己的想法並綜合歸納他們的學習。學生創造的概念圖也是很有效的評量方式，因為這些概念圖顯現了學生學習的準確性、完整度和概念連貫性。

　　為深度學習而教｜促進學生創造意義的思考工具

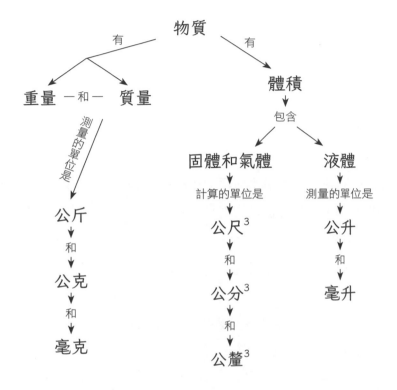

就本質而言，概念圖是思考的地圖。教師還有其他許多種預先設計好的思考地圖可以運用，例如，圖像學習專家 David Hyerle（Hyerle & Yeager, 2017）就創造了一套表徵不同思考歷程的思維導圖，學生可以使用這些思維導圖來建構意義和描繪重要的想法。

學生自創的組織圖表（student-generated visual organizers）是此節討論的最後一種組織圖表。儘管現有的組織圖表和思維導圖大致代表了人類呈現資訊和思考可能運用的一些最常見的組織形式，但重要的是要記住，意義創造是一種高度個人化的行為——而且，它越是個人化，創造

出來的意義就越深入。我們應該允許並鼓勵學生為各種目的創造自己的組織圖表，包括做筆記、複習與整合、象徵抽象概念和產生想法。透過這些做法，學習者就會根據自己獨特的心智運作方式主動積極的理解新素材內容的意義。

圖表 7.9 呈現的是一個學生發展的組織圖，這個學生在學習《權利法案》時經歷了「啊哈」的頓悟時刻，看到了一種建造「權利花園」的方法，運用文字和創意描繪了一幅組織圖，展現他對《權利法案》的理解。

無論你在課堂上使用哪種類型的組織圖表，重要的是要教會學生如何把它們當作自己創造意義的工具。想要達成這個目標的話，可運用以下循序漸進的教學方法：

1. 讓學生熟悉最常見的資訊組織結構，以及最適合表徵不同內容結構的組織架構圖（例如，主題—次主題組織結構、順序性組織結構、因—果關係組織結構、概念圖）。

2. 呈現新材料（如一篇閱讀文本）給學生看，要求他們預覽內容，並與組織架構圖進行比較，而後決定哪個架構圖最適合這篇文本的內容。

3. 請學生分享並解釋他們的選擇，提醒他們要提到具體的文本內容來說明他們選擇的理由（例如，「我認為比較架構圖是最好的選擇，因為這篇文本是在解釋短吻鱷和長吻鱷有何相同和不同」）。

4. 與學生一起運用（或創造）適當的組織圖表來收集文本裡的重要資訊。鼓勵他們持續問自己哪些資訊屬於組織圖的哪個位置——並且考慮這個組織圖是否需要任何修改，好讓新資訊能夠納入圖中。

圖表7.9 學生自創的組織圖：權利花園

資料來源：引自 *So Each May Learn: Integrating Learning Styles and Multiple Intelligences* (p. 36), by H. F. Silver, R. W. Strong, and M. J. Perini, 2000, Alexandria, VA: ASCD. © 2000 Silver Strong & Associates.

5. 挑戰學生檢視他們所完成的組織圖，要求他們問自己：**我是否掌握了所有核心必要的資訊？我對這些內容有全貌的理解嗎？如果沒有，我的腦子裡還有什麼不確定或不清楚的地方？**

6. 經常運用這個歷程，好讓學生越來越善於辨識資訊內容的結構和使用組織圖來建構意義。

結語

　　「一張圖片勝過千言萬語」的古老說法也許並不完全正確，但其背後的想法肯定是——我們的大腦可以將大量的意義濃縮到視覺圖像資訊裡面，特別是當我們自己創造出視覺圖像的時候。但視覺圖像化並非只是創造心理圖像，它也是一種組織和表徵資訊的方式，好讓資訊之間的關係變得清楚明晰。透過運用本章的工具幫助學生建立這些視覺圖像化能力，教師可以善加利用人類獨特的天賦能力，讓複雜資訊變得「可見」，從而更容易理解。

8 觀點取替和同理

觀點取替和同理：是什麼？為什麼？

熟悉查爾斯・狄更斯經典作品《小氣財神》（*A Christmas Carol*）的人，會記得主角史顧己（Ebenezer Scrooge）是一個守財奴和厭世者，他的整個人生觀因為與三個鬼魂相遇而在一夜之間發生了翻天覆地的變化。狄更斯的鬼魂幫助史顧己對這個世界及自己在世界的位置有了更寬廣的認識，也點燃了他想變成更好的人的決心。鬼魂們之所以能成就這一切，是利用人類特有的兩種能力：觀點和同理心。

鬼魂們運用**觀點**（perspective）來改變史顧己的想法，他們讓史顧己看見自己過去的往事、展現大多數倫敦人現在的生活景況和預示未來可能發生的事情，迫使史顧己擺脫自私自利的心態。同時，鬼魂們靠著**同理心**（empathy）的力量帶來一顆心的改變，對史顧己來說，重新體驗他失去唯一愛人的那一刻，親眼目睹一個平凡家庭晚餐的溫暖，以及承受孩子死亡那種無法言喻的悲傷，這些經驗一起幫助他再次「感受」。鬼魂們向史顧己展示了這些東西，因為他們非常清楚——或者，更準確的說，狄更斯非常清楚——身而為人就是要能夠同理人類同胞的感受。

觀點和同理心都涉及人類能夠走出自我中心框架和探索不同角度看

法的能力，不過這兩者並不相同。讓我們依序來探討，先從觀點開始。

　　考量多元觀點的能力是一種分析、評鑑型的能力，是批判性思考的基礎。重視觀點的思考者了解他們最初的反應可能會受到有限資訊或無意識偏見的影響，因此不會急於下判斷。相反的，他們在做出結論之前會刻意尋找並考慮不同的視角觀點。Wiggins 和 McTighe（2005）藉由下列的相關問題來說明這種能力的特徵：

> 觀點涉及這樣的提問訓練：從另一個視角來看它是什麼樣子？例如，批評我的人會如何看待事物？從誰的視角來看？從哪個制高點來看？我們假定哪些事物需要釐清和考慮？什麼是有正當理由或經過驗證的？有足夠的證據嗎？它合理嗎？這個想法的優點和缺點是什麼？它可信嗎？它的限制是什麼？所以呢？（p. 96）

　　觀點要求我們心胸開放，仔細考量可能與我們不同的看法。當學生有觀點時，他們就能與慣性思維和下意識反應（思考不夠謹慎周全者的特徵）保持批判性的距離。在當代所有的學科標準中，我們幾乎都可以看到觀點的重要性，例如不同的科學標準，包括「國家科學教育標準」（National Science Education Standards）（National Research Council, 1996）和「新世代科學標準」（Next Generation Science Standards）（National Research Council, 2013），都要求學習者必須能夠從科技和工程的觀點看待科學，同時也要從社會和倫理的意涵來考量科學的進步。

　　觀點是批判、分析的，涉及理性冷靜、保持一段距離的看待事物，而同理心則是比較個人、感性和親密的。同理的理解意味著能夠穿著別人的鞋走路，體驗別人的經歷；因此，當我們同理別人時，我們深刻的意識並敏於覺察別人的情感、想法和經驗。但是，同理並非僅是第一手

為深度學習而教｜促進學生創造意義的思考工具

粗糙原始的感受而已，同理的內在核心要求的是對「他者」的尊重，尤其是那些生活和世界觀與我們大不相同的人。布萊得利學校歷史教育委員會（Bradley Commission on History in Schools, 1988）特別將同理的這個面向納入教學建議當中，這個藍絲帶委員會的組成旨在改善歷史教學。他們的報告宣稱，歷史的主要目的是幫助學生擺脫以種族為中心和以目前為中心的觀點，以培養對生活在不同地方和不同時代的人的同理心。同樣的，學業與社會情緒學習協會（Collaborative for Academic, Social, and Emotional Learning, CASEL）已經將「站在他人的觀點思考和同理他人，包括來自不同背景和文化的人」（2017，第 4 段）明確列為五大核心能力之一。

　　觀點和同理心都提供教師動態活潑的方式來強化教學、加深學生對人和想法的理解。這兩個思考歷程都需要學生超越基本的知識和技能，主動去建構更深層的意義。觀點方面的成長即是培養批判性思考能力；表現同理心就是展現社會情緒的成熟度，並建立根本的人際關係連結。這些思考方式可以很有成效的應用到學校的許多課程領域裡，最重要的也許是，它們是學生一輩子都需要用到的非常重要的意義創造技能。

觀點取替和同理：怎麼做？

　　教師可以幫助學生發展觀點，方法是明確的提供機會讓學生去考量不同的視角、多元的想法和替代的解釋與結論。例如，你可以要求學生思考一部文學作品裡不同角色的觀點——尤其是在故事敘事中沒有具體展現其觀點的角色。你可考慮使用以觀點轉換來重述知名故事的作品，例如雍・薛斯卡（Jon Scieszka）的《三隻小豬的真實故事！》（從大野狼的角度來敘說故事），幫助學生以另一種方式看待故事。在健康課

程，你可以要求學生從不同的觀點來思考「健康飲食」對不同人所代表的意義。而我們最喜歡的一個歷史核心問題——**這是誰的「故事」？**——也向學生傳達這個訊息：歷史涉及詮釋，不同的人對於同一事件的看法可能有非常大的差異。換言之，要真正了解過去的歷史，學生必須慎重考慮不同的觀點，包括**他的**故事（*his*-story）、**她的**故事（*her*-story）和**他們的**故事（*their*-story）。

每次談到在教室裡培養同理心時，我們幾乎立刻就會遇到一個問題：沒有經歷過這個經驗的人，怎麼能夠**真正**理解他人的經驗？例如，男人真的能體會分娩的快樂和痛苦嗎？一個出生在相對富裕家庭的人能真正理解貧困的困難挑戰嗎？照理來說，深刻的同理心是透過共享的經驗而發展的。而事實上，有些學生可能有身臨其境的體驗經驗（例如，實地訪問、社區服務計畫、同儕諮詢輔導、志工活動、讀者劇場和某些專題式學習計畫），讓學生有機會跟生活截然不同的人進行近距離互動。雖然這種直接的體驗確實有助於學生發展同理的回應，但這種機會並不常有，一味追求也不切實際。好消息是，教師也可以運用間接的方法，包括描寫細膩的書籍或電影、角色扮演、模擬和戲劇表演，都可作為開啟同理心之門的工具。

圖表 8.1 列出了各個年級和學科領域的教師可以如何將觀點和同理心融入課堂教學的示例。除了提出這些一般的建議之外，我們還提供了五項實用的工具和策略，幫助學生透過觀點和同理心來創造意義：

1. **問題提示**（Questioning Prompts）：提供一些簡單的提示，幫助你發展出讓學生考慮多元觀點和同理他人的問題。

2. **將「你」放進內容中**（Put the "You" in the Content）：要求學生透過自己經驗和價值觀的透鏡來看待學習內容，從而增強學生觀點和同理心的發展。

商業	• 從製造商、小企業老闆、投資者和顧客的觀點來考慮產品研發和行銷策略。 • 想一想，如果你因為不肖的商業手法而受騙上當，你會有什麼感覺？針對這樣的狀況，你可能會怎麼做？
文學	• 從一個次要角色的觀點來思考這個故事，這個角色可能會怎樣描述這個情況？ • 這個故事和人物可能會有何改變 　－如果故事發生在不同的場景或時代？ 　－如果「你」是作者？
寫作	• 為兩類截然不同的觀眾寫一篇說服式論說文。觀眾的改變會如何影響你的論證、語氣、遣詞用字或舉例說明？ • 將一篇經典的童話或民間故事改寫成現代版本。
健康	• 為一位中年、久坐不動、膝蓋關節炎的上班族顧客，研發一套個人運動健身計畫，計畫應該包含有氧運動、無氧運動和柔軟伸展運動。 • 想像和描述如果因為身體狀況而需要節制飲食（例如：糖尿病或乳糖不耐症），你的生活將會有何不同？
數學	• 運用不同的圖表刻度來呈現相同的資料（例如：截斷部分資料的刻度相對於放大部分資料的刻度）。不同的圖表傳達什麼樣的印象？ • 想像這個世界如果沒有除法，日常生活哪些方面會變得更困難？
自然科學與科技	• 從不同的觀點（例如：醫學、理論、哲學）檢視科學以及科技進步（例如：基因複製）的倫理問題。 • 解釋物理現象上，亞里斯多德的邏輯學和牛頓的物理學有何差別？ • 想像你是一種瀕臨絕種的動物，描述你的經驗、想法和感覺。
社會	• 針對某個歷史事件或當今事件，找出兩種或更多種顯著不同的詮釋。不同的觀點如何影響這些詮釋？ • 我們剛看過《勇者無懼》（Amistad）這部電影，想像你是那艘運奴船上被載運渡海的奴隸，親身經歷這種暴行會是什麼樣子？你會怎麼想、有什麼感覺？
視覺與表演藝術	• 從不同的觀點來拍攝同一事件，讓人們看待事件的方式能夠產生巨大的改變。描述觀點視角如何影響人們建構的意義。 • 當藝術家／歌手／作詞作曲者在創作這個藝術作品／這首歌時，你想像他或她有什麼感受？

3. **觀點圖**（Perspective Chart）：鼓勵學生透過不同利害關係人的觀點來看待他們正在學習的內容。

4. **心靈交會和模擬審判**（Meeting of the Minds and Mock Trial）：邀請學生扮演歷史人物和文學角色，討論和辯論他們的想法或為他們的行為辯護。

5. **生命中的一天**（A Day in the Life）：挑戰學生「化身變成」他們正在學習的人物、想法和事物——並運用有創意、個人獨特的寫作形式來描述這個經驗，從而幫助學生發展新的見解。

》 問題提示

鼓勵學生考量多元的觀點和培養對他人的同理心，有一種自然的方法是使用提示問題。以下的問題和題幹，可以結合預定的學科標準目標和課堂活動一起使用，以幫助學生深入挖掘學科內容，批判思考各種主張，以及喚起同理心：

- 關於 _____ 的不同觀點是什麼？
- 從 _____ 的觀點來看，這可能是什麼樣子？
- 針對 _____，可能還有其他哪些反應？
- 這是誰的「故事」？
- 對方的立場是什麼？
- 另一個人（或不同的政黨、來自不同文化或時代的人、另一種科學理論）會如何解釋這個？
- 如果你要為這個案例的另一方辯護，你會提出什麼論點？
- 想像如果你是 _____，你會有什麼感受。
- 穿著 _____ 的鞋子走路，置身於他的處境，會是什麼樣子？

- 你會給 _____ 什麼建議？
- _____ 對 _____ 可能會有什麼感覺？
- 這位（藝術家、作家、音樂家、電影導演）試圖讓我們感覺或看到什麼？

》 將「你」放進內容中

讓學生透過他們自己的經驗和價值觀的透鏡來探索學科內容，不僅能吸引學生投入學習，還能幫助他們認識到他們之間的共同點，從而創造條件讓學生理解更廣大的觀點和同理心。雖然觀點和同理心的確都要求學生跨出自己的框框，但透過更深入了解自己，其實也能夠強化這兩種能力。

將「你」放進內容中提醒我們要讓學生的學習變得個人化，它是一套簡單的技巧，可用來邀請學生的經驗、故事和回應進入課堂，並運用這些個人的元素當作發展觀點、同理心和深入理解的跳板。

敘說個人故事（Personal Storytelling）：這也許是這些技巧中最簡單的一種，敘說個人故事鼓勵學生說出自己的故事。他們能夠描述一個幫助他們成為今天的自己的事件嗎？是否有一位心靈導師、模範榜樣或指引的聲音，以某種特殊方式形塑了他們的思維？他們的文化背景、家庭、生活中的重大考驗或這些元素結合起來，如何給了他們生活的方向或意義？所有這些問題和其他許多問題都可以是豐富個人故事的基礎，而且別忘了請學生們分享他們的故事。畢竟，唯有透過分享我們的專長優點、害怕恐懼和困難挑戰，我們才能開始了解我們之間的共同點。

你置身其中（You are There）：這個技巧運用自我（伴隨觀點和同

理心）來強化學習，其靈感來自於 1950 年代的同名電視節目「You are there」。這個由傳奇新聞主播華特・克朗凱（Walter Cronkite）主持的節目，重現著名的歷史事件，並有一名記者提出一些問題，以了解更多關於該事件的細節，並且探索事件相關人員的想法和感受。你可以輕鬆容易的將這個前提應用在教室裡，讓歷史和文學重生。試著要求學生想像自己「置身其中」，假裝他們是歷史人物或文學角色來接受採訪，或採訪事件當中的人物角色（或扮演該角色的學生）。例如，想像你要採訪圖坦卡門法老王（King Tutankhamen）或美國殖民地的一名奴隸，你會問什麼問題？每個人物會回應、說些什麼？

想想那個時刻（Think of a Time）：改編自 Faye Brownlie、Susan Close 和 Linda Wingren（1990）的著作，想想那個時刻旨在幫助學生從不同的視角來看待學科內容。具體而言，學生被要求從三種視角來檢視同一個議題：身為參與者、身為旁觀者，以及身為支持者。

為了讓這個過程在課堂上活靈活現，請將每種視角當作一個回合。舉例來說，假設你希望學生更深入理解偏見及其對人們的影響，你會把學生分成三人一組，並將小組裡的學生分別編號為一號、二號、三號，然後進行三個回合。

第一回合：學生想一想他們身為**參與者**的某個時刻（例如，他們親自遭遇到偏見的時候）。學生書寫記錄他們的經驗，比較自己和小組成員的經驗，並根據他們集體的經驗，試著找出偏見的共同屬性。在探討了三名組員的不同視角後，所有一號學生組成另一個小組，輪流分享他們原本小組的想法。新小組的成員分享並比較他們原本小組的結論。

第二回合：從第二種視角重複這個過程。學生想一想他們身為**旁觀者**的某個時刻（例如，當他們旁觀某個人遭受偏見的時候）。小組學生

✎ **為深度學習而教**｜促進學生創造意義的思考工具

再次記錄並討論他們的經驗，然後跟第一回合一樣，所有二號學生移到新的小組並比較想法。

第三回合：最後，學生從**支持者**的觀點來思考主題（例如，當他們支持某個遭受偏見的人時，那是什麼狀況或感覺）。再一次，學生記錄並討論他們的經驗。然後，三號學生移到新的小組，並根據他們這三回合的學習來發展、歸納出最後的偏見屬性或元素。

這個過程通常是以全班討論作為總結，學生在討論當中反思他們的學習收穫和過程。

》 觀點圖

許多年輕人（和一些老年人）在看世界時，絕大部分是透過自己的經驗和文化的透鏡。觀點圖（McTighe, 1996b）已被證明是一個有用的組織圖表，能夠提醒學習者有意識的考慮他人可能以哪些方式來看待特定的情況或議題。這個工具可用來幫助學生擴展他們的觀點，加深對某個想法的理解，或了解一個議題的複雜性。圖表 8.2 提供了一個社會課程單元中運用觀點圖的例子，幫助學習者從不同的視角或立場思考美國西部移民擴張的影響。

觀點圖是多功能的工具，可以應用到各種學科領域，包括歷史（例如對過去事件的不同詮釋）；時事（例如不同政黨如何看待具有爭議性的問題，像槍枝管制）；英語語文藝術（例如文學作品裡的不同人物如何看待同一個情境）；科學（例如看待科學技術的好處、可能的應用和風險的不同觀點，像人工智慧）；以及藝術（例如對表演和藝術作品的各種審美反應）。觀點圖的運用有助於擴展觀點、增進批判分析能力和養成深思熟慮的回應。

圖表 8.2　觀點圖：西部擴張

迫不及待、勇於冒險的開拓先鋒

西部帶來自由和機會的偉大前景。只要想到可能獲得的報酬，就覺得遷移開拓的困難挑戰都是值得的。

鐵路經營者

我們需要吸引更多人遷移到西部來，好擴大我們的顧客群。

主題或議題：
西部擴張和
西部移民

移民的孩子

我們每天從日出工作到日落。這裡的生活好辛苦。我們為什麼要搬到這裡呢？

那些白人移民不斷搬到我們的土地上來，而且還跟我們爭奪自然的資源。

住在平原的美國原住民

心靈交會和模擬審判

這兩項彼此相關的工具挑戰學生假扮著名的人物或角色，並從人物各自的觀點角度來討論或辯論想法或議題。「心靈交會」的目標是探討各種不同的觀點，以達成共識、發展普遍化的原則或突顯關鍵的差異，例如：

● 青蛙和蟾蜍跟蜘蛛夏綠蒂開會，討論真正的友誼的特質。

- 聖雄甘地、耶穌基督和先知穆罕默德一起辯論應對宗教暴力極端主義的最佳方法。
- 埃德加・愛倫・坡（Edgar Allan Poe）、雷・布萊伯利（Ray Bradbury）和雪莉・傑克遜（Shirley Jackson）一起探討吸引讀者進入情節、跟著緊張不安的最佳寫作方式。

相對的，「模擬審判」往往會激起辯論和爭論，通常用於全班一起研究某段歷史時期或閱讀某部文學作品之時，學生會調查那個時期或故事的重要人物真正或可能犯下的「罪行」。以下概略描述這個過程：

1. 根據某個歷史情境或文學作品裡的事件或人物，老師提出一個罪名，或學生找出可能的罪行，例如，英語課的學生可能會以謀殺波洛紐斯（Polonius）的罪名來審判哈姆雷特，而歷史課的學生可能會以濫用權力的罪名來審判一位著名的領導人。然後，針對被告提出指控。

2. 學生依據特定的角色進行分組（例如，檢察官和辯護律師），並給小組時間去準備支持或反對被告的資料。他們必須根據具有權威的來源（例如，源自文學作品或歷史文獻的資料）來組織證據，並為他們所辯護的一方發展合理的論證。

3. 審判按照一般法庭程序進行，這個程序需要事先檢視、排練一下。你可以選擇扮演法官的角色，邀請客座的法官（例如圖書館員或副校長），或者讓一位學生擔任法官。為了創造一個比較真實的「法庭」，你們要重新安排教室的空間，包含法官席、證人席、檢察官和辯護律師團隊的位置，還有陪審團區域。你甚至可以提供法官一根法槌，用來維持法庭秩序。

在教室裡有效執行模擬審判的一些技巧如下：

- 對於不熟悉模擬審判如何進行的學生，可以播放影片來說明其程序。YouTube 提供了許多有用的短片，包括這個呈現模擬審判元素和程序的短片：www.youtube.com/watch?v=qtQDOQM4dM8（Texas Youth & Government Training Videos, 2014），以及給比較年幼的學生看的故事《金髮姑娘和三隻熊》的模擬審判影片：www.youtube.com/watch?v=qw7Z4dLkPko（SETV, 2011）。

- 為了確保所有學生都參與，你可以進行兩次審判，讓每個學生在一次審判中擔任要說話的角色，在另一次審判中擔任陪審員。

- 對於大型班級，你可以選擇幾位學生擔任「過程觀察員」，在模擬審判進行的時候做重點筆記，並提供回饋，評論其他學生角色扮演得如何。

》》 生命中的一天

生命中的一天要求學生想像身為一位著名人物或角色的生活，或甚至是他們正在學習的一個概念或物體。這個工具除了幫助學生對學科內容產生新的見解之外，也能刺激創意思考和寫作，並培養學生對於研究的內容產生同理的回應。

在使用這項工具幫助學生「變成」其他人時，一個好方法是要求學生以個人化的寫作形式（例如，日記或給朋友的一封信）來述說生命中的一天的故事，比較能夠抓住他們選定的人物的視角。而較年幼的學生則可以採用畫圖或圖畫書的形式來說故事。下面是兩個例子：

- 你們已經看過第一次世界大戰期間壕溝戰的紀錄片《戰壕生活》（*Life in the Trenches*），也讀過〈在法蘭德斯戰場上〉（*In Flanders Fields*）這首詩。請選擇以下其中一個角色：驚恐害怕的新兵，試圖鼓舞部隊士氣的軍官，或戰地醫院的護士。寫一封信，描述你的經驗，寄回老家。
- 我們剛剛完成了傳記單元，學到好傳記的一個定義型特徵是展現人們如何克服困難挑戰。從本單元當中選擇你最喜歡的傳記故事，試著找出主角最大的挑戰，然後變成那個人，寫兩、三篇日記，讓我們深入了解你在想什麼和你決定做什麼來克服困難挑戰。

當這項工具運用在概念或物體而不是人物角色時，生命中的一天挑戰學生更進一步擴展他們的想像力——超越他們熟悉的世界，並且從全新、不尋常的角度來看待學習內容。要以這種方式運用這項工具，請找出一個和你正在教的主題相關的概念或物體，作為學生思考和寫作的基礎。依據你的目標，學生的回應可以是簡短而甜蜜的，或者也可作為延伸思考和寫作的基礎。不管是哪一種情境，學生都應該使用第一人稱「我」的敘述觀點。以下是一些例子：

- 想像你是白血球。你和你的朋友接到了一通 119 緊急求救電話，要你們趕快去跟入侵身體的新病毒作戰。描述你找到並消滅病毒敵人的過程。
- 想像你是尋求西方民主國家庇護的移民申請書，你發現自己陷入支持和反對移民兩派的拔河戰當中。請務必確定你的故事說明了雙方的論點，以及你的未來因為兩派爭論而被困住的切身感受。

- 你是迫不及待想要變成蝴蝶的蛹，請解釋你在等待蛻變時的生活是什麼樣子，務必告訴我們在變成蝴蝶的過程中你最興奮的是什麼。

一旦學生掌握了這個技術的訣竅，你可以邀請他們選擇一課或一個單元裡相關的內容，創造他們自己的生命中的一天的故事。我們認為你一定會驚喜的發現孩子們能夠產出一些獨特的連結思考！

結語

觀點取替和同理是檢視我們周遭世界兩種不同但相關的方式，也是很理想的意義創造技能，因為當我們運用它們來推動課堂上的學習時，我們就是在鼓勵學生運用他們的思想和心靈來建立自己的理解。運用本章的這些工具，教師可以幫助學生與學科內容裡的人文元素產生連結，引導學生更深入的了解自己、他人和正在學習的學科內容。

為深度學習而教｜促進學生創造意義的思考工具

9 全部整合在一起

　　到目前為止，我們在這本書裡已經討論了以大概念為核心來架構教學內容的重要性，也呈現了一系列的思考技能和相關工具，讓教師可以運用來幫助學生理解和創造這些內容的意義。在結論的這一章裡，為了幫助你整合運用這些工具，我們將會描述和說明：（1）經實驗證明可以有效教導學生獨立自主運用思考技能和工具的一套流程；（2）幫助你決定個別的課程和單元裡要運用哪些技能和工具的教學設計架構；（3）有意識的將一系列技能和工具融合到整學年課程中的課程地圖規劃過程。

發展學生自己獨立應用技能和工具的能力

　　教師可以運用我們提供的教學工具來幫助學生創造所學內容的意義和發展持久的理解，不過，這些工具不只是給教師用的。實際上，我們的終極目標是遷移應用——也就是強化學生的知能，讓他們熟練到足以善用這些工具，能在未來的學習情境中自己獨立應用這些工具（以及潛藏其中的思考技能）。因此，就像你將這些工具建立、放入自己的教學工具箱裡，同樣重要的是，幫助學生也將這些工具整合到他們的學習工具箱裡。我們發現要做到這件事的最佳方法是直接教學，圖表 9.1 呈現的即是一套明確教導學生運用各項工具的五步驟流程。

圖表 9.1　以五個步驟教導學生運用工具

基本步驟	如何執行這些步驟
1. 讓學生準備學習新工具	● 教學前，仔細檢視、回顧這項工具，確定你很了解它。 ● 向學生說明、解釋這項工具的目的。
2. 呈現和示範基本的步驟	● 介紹這項工具，一次說明一個步驟。 ● 解釋和示範個別的步驟，一邊示範一邊放聲思考。
3. 深化和強化學生的理解	● 在你的引導下，讓學生練習運用這項工具。 ● 運用持續性（形成性）評量來決定學生是否已經能獨立運用這項工具。 ● 視需要提供額外的教學。
4. 挑戰學生應用這項工具	● 指派一項簡單任務，要求學生運用這項工具。 ● 評量學生的技能層級，並視需要提供教練式輔導。 ● 尋找更進一步的機會讓學生以更複雜的方式來運用這項工具。 ● 鼓勵學生自己運用這項工具——不是只有你叫他們做的時候才使用（例如：「每當你需要做比較的時候，記得照這些步驟做。」）
5. 幫助學生反思和表揚他們應用這項工具的經驗	● 提出像這樣的問題來幫助學生反思他們運用這項工具的經驗：哪個部分很簡單？哪些部分挺挑戰的？運用這項工具如何強化你的思考和理解？這項工具可以幫助你處理其他哪些種類的任務？下次你再運用這項工具時，可以怎麼樣改進？ ● 表揚學生成功運用這項工具。

為深度學習而教 ｜ 促進學生創造意義的思考工具

建立教學單元

　　現在讓我們把注意力轉向教學設計。因為透過實例說明是最好的學習方式之一，所以我們以一位中學教師的設計為例，看看她如何整合運用本書的策略和工具，創造出一個思慮周全、引人入勝的雨林主題單元。這個單元按照第一章的建議，聚焦在大概念來進行設計，並結合第二到八章討論的思考技能和工具，也反映出有效教學設計的原則。以下描繪的場景將帶領你進入這位老師的腦中，你就能理解她這樣設計單元的決策過程和動機，同時也介紹「單課／單元設計架構」（Silver Strong & Associates, 2013），你可以運用這個架構規劃自己的課程和單元，以促進學生深入、持久的學習和參與投入度。基於對學習者如何發展深度理解的研究（Goodwin, Gibson, Lewis, & Rouleau, 2018），這個架構也結合了一些最受推崇的教學模式的設計元素（Dean et al., 2012; Hunter, 1984; Marzano, 2007; Wiggins & McTighe, 2005），鼓勵教師將教學設計想成一系列的五個階段或「片段」，每個階段都有其目的——並據此規劃出每一階段他們將要使用哪些教學工具和活動。圖表 9.2 顯示這位教師如何運用這個架構，以大概念為核心來組織課程單元，並讓學生積極投入相關學科內容的意義創造。

　　這不是我第一次教雨林單元，但在參加 Jay 和 Harvey 的工作坊以後，我產生了改變教學方法的動力，因為我發現自己設計單元一直是以活動為重點，而不是以我希望學生理解的大概念為核心。所以這一次，我「以終為始」的問自己：「我希望學生在課程結束後帶著走的是什麼大概念？」我很喜愛瑪格麗特．米德（Margaret Mead）的這段

話，有助於指引我的思考：「……認識並尊重地球美麗的平衡系統，存在於陸地上的動物、海洋裡的魚、空中的鳥、人類、水、空氣和土地之間。最重要的是，我們必須始終意識到人類的行為可能會破壞這種寶貴的平衡。」（Nath, 2009, p. 265）

米德的話讓我想到科學學科標準裡的一個跨科概念：**系統**。我意識到我想讓學生理解：雨林是一個和諧、相互依存的系統的好例子，在這個系統中，某個部分的任何變化都會影響到整個系統。具體來說，我希望他們明白生態系統裡的所有生物都是相互依存的，生態系統需要維持平衡才能生存和繁榮。我希望學生理解的另一個大概念是：不僅在雨林**內部**，而且在雨林和世界其他地區**之間**，都存在著相互依存和平衡的關係——換言之，雨林的健康和存在影響著雨林以外的生物與人類（包括我的學生！）的健康和生存。藉由鼓勵學生開始思考雨林對他們和世界其他地區的重要性，以及他們和其他人可以採取什麼行動以維護米德所謂的自然平衡，我覺得我可以讓這個單元與學生個人更有關聯，也更能吸引學生投入學習。

徹底思考過希望學生理解的大概念，幫助我看到我的單元設計確實代表對自然平衡與和諧的研究，因此我用「**對_____的研究**」（第10頁）來命名這個單元。我相信，將單元命名為「雨林：對平衡與和諧的研究」，能讓學生和我聚焦在核心概念。為了進一步確保教與學都聚焦在大概念，我運用「**核心問題**」的方法（第13頁）發展了三個問題，以推動我希望學生發展及探究的核心想法和理解：

1. 一個系統裡的微小變化會如何對整個系統產生劇烈的影響？
2. 生物之間如何相互依賴以求生存？
3. 我為什麼應該關心遙不可及的人、地方和議題？

為深度學習而教｜促進學生創造意義的思考工具

我努力以更廣、更普遍的概念和問題來架構雨林教材內容，好讓我的學生能夠將他們在這個單元形成的理解遷移應用到其他情境和學科領域。

　　Jay 的聲音一直在腦海中提醒我：周全的單元設計不僅需要想清楚你希望學生理解什麼，也要想清楚你將如何確定他們是否「達致」這些理解。於是我開始思考最終的評量任務，挑戰學生去應用（並且讓我評量）他們對於我們將要探究的大概念和核心問題的理解。我決定讓學生選擇和研究一個威脅雨林的問題（例如：砍伐森林），解釋這個問題是什麼，以及它會對雨林生態系統或世界造成什麼負面影響，並且針對他們選擇的問題提出理由充分的解決計畫，爭取資金贊助。為了使這項任務更具吸引力、互動性和真實性，我決定將任務情境設定為模擬的聯合國世界高峰會議。

　　想清楚大概念、核心問題和最終的評量任務之後，我就運用「善思教室的單課／單元設計架構」（Thoughtful Classroom Lesson/Unit Design Framework）（Silver Strong & Associates, 2013）的五個階段來規劃單元課程，確定我要用來幫助學生理解相關教材內容的特定活動和工具。當單元計畫完成時，我檢核我所規劃的活動是否與我一開始預定的大概念和核心問題一致——換言之，這些活動是有目的的，而非僅僅是為做而做的活動。

　　我認為這次我設計單元的方式很周全——聚焦大概念而不是活動，並且結合了能讓學生主動處理學科內容和建構理解的教學工具——這將會讓學生的學習產生巨大的改變。我對自己所做的這一切滿懷熱切期望，很興奮就要開始教學了！我想我的學生也會很興奮要開始學習了。

圖表 9.2　運用五階段架構設計雨林單元

教學階段	「雨林：對平衡與和諧的研究」教學順序
1. 讓學生準備學習新單元	運用**概念文字牆**工具（第 12 頁），貼出並介紹核心概念相關語詞（如：和諧、相互依存、平衡、適應）。請學生和同學一起拼裝雨林旋轉吊鈴，要求他們必須平衡每一部分並且和諧又相互依存的跟同學合作，藉此幫助學生「體驗」和開始理解其中某些語詞。要求學生以核心概念語詞來描述他們所做的事（例如：「我們必須和諧的合作，好讓每一部分保持平衡。」） K-W-L：請學生記下關於雨林他們知道什麼（what they *Know*）和想要知道什麼（what they *Want* to know）。 以「**對平衡與和諧的研究**」（第 10 頁）呈現這個單元。介紹**核心問題**（第 13 頁）。
2. 呈現新單元的學習內容	播放一部有關雨林及其對世界的重要性的影片。運用**閱讀立場**（第 75 頁）的提示來讓學生處理和討論這些素材。 給學生閱讀一篇關於雨林植物分層以及植物和動物如何適應特定分層的文章。運用**為意義而讀**（第 79 頁）來幫助學生更仔細的閱讀和探索關鍵的概念。要求他們創造**組織圖表**（第 112 頁）來綜合整理他們對雨林植物分層和生活在各層的生物的理解。運用**是的，但是為什麼？**（第 88 頁）來發展和測試他們對適應概念的理解：是的，不同的生物生活在不同的分層，但是為什麼會這樣？ 帶學生參觀動物園的熱帶雨林展覽。去動物園之前，運用**預測為本的釣鉤**（第 87 頁），要求學生預測他們可能會在動物園學到哪些閱讀文本或觀看影片無法學到的東西（例如，雨林的氣味或濕度感覺如何），藉此激發興趣及投入度。在參觀的過程中，請他們以**窗形筆記**（第 38 頁）記下他們看到的事物，要求他們比較自己的預測與實際學到的東西。

為深度學習而教｜促進學生創造意義的思考工具

教學階段	「雨林：對平衡與和諧的研究」教學順序
3. 深化和強化學習	請學生研究某種植物或動物，然後假裝自己就是這種生物，描述它**生命中的一天**（第 132 頁）——它生活在哪裡、如何滿足生存需求、吃什麼（或被什麼吃）等等，綜合歸納和個性化展現他們的學習成果。提供運用豐富感官知覺描述語言的文本作為範例，鼓勵學生也這樣描述生命中的一天。 請學生運用**先描述，再比較**（第 55 頁），比較他們與所選動植物的想要（wants）、需要（needs）和互動關係（interactions）之間的異同。目標是幫助學生看到所有生物都會依賴其他生物和資源來滿足生存的基本需求，從而理解相互依存的概念。 運用**如果……會怎麼樣？**（第 87 頁）的問題，發展並測試學生對相互依存和適應概念的理解——例如，如果你的植物或動物從此滅絕，那會怎麼樣？如果雨林因為森林砍伐而遭到破壞，會如何影響這個生物的生存？ 運用**字詞彙圖像化**（第 108 頁），挑戰學生創造一個簡單的圖像或符號，用來代表他們對相互依存的理解。
4. 應用和展現學習	評量任務：創造模擬的聯合國世界高峰會議，學生將在會議中描述一個威脅雨林的問題，解釋它對雨林或世界會造成什麼負面影響，提出解決問題的計畫，並說明為什麼他們的計畫值得資助。
5. 反思和表揚學習	請學生完成 K-W-L 圖表的「Learn：我學到了什麼」，反思他們是否學到了他們想要知道的 W，並找出需要進一步研究的問題。 呈現瑪格麗特・米德的那段話——我用來聚焦這個單元的思考的那段話。根據我們學到的內容，全班一起反思那些話的意義，想想我們與米德的那些話產生什麼樣的共鳴。

規劃整學年的課程地圖

　　本章的最後一個目標是鼓勵你超越個別的單課或單元設計，進一步思考整個學年的規劃。我們的比喻是：將你的課程想成一條拼布被。單獨一塊的小拼布或方塊布料就像單元課程，內含交織的單課教學。單課教學可能是精心設計而成，單元課程可能經過深思熟慮的組織安排（像我們剛剛檢視的雨林單元），融合了特定的思考技能和工具，讓學習者積極投入學科內容的意義創造歷程。但是，這些單獨的小拼布是否有助於整體圖案的拼接和連貫，能否織成一條美妙協調的拼布被？為了解決這個問題，我們建議運用課程地圖矩陣（Mapping Matrix）作為組織整學年課程的規劃工具。

》 課程地圖矩陣：是什麼？為什麼？

　　大多數的學科課程標準都以融合學習內容和過程技能為特徵。例如，「各州共同核心課程標準」的數學標準就同時包含明定數學學習內容的年級標準和明定數學過程技能的表現標準。「新世代科學標準」同樣也包含科學內容（以學科核心想法和跨科概念的形式呈現）和科學工程表現（過程技能）。其他學科的標準〔例如，「C3 社會學習領域課程標準」（C3 Social Studies Standards）和「國家核心藝術課程標準」（National Core Arts Standards）〕也是類似的建構方式。

　　這些課程標準的結構有其目的——是要提醒教師：只傳遞各學科內容主題的事實知識是不足的。取而代之，這些課程標準希望教師安排學生「實作」這個學科領域，在學習學科內容的同時也要應用關鍵的過程技能（實作表現）。因此，矩陣是完美配合整個學年課程地圖規劃的工具，因為矩陣可讓教師在縱軸上列出關鍵的標準和學科內容主題，在橫

軸上列出過程技能（實作表現），然後再運用矩陣裡的「方格」來計畫和展現學科內容與過程技能的整合運用——這正是課程標準所期望的！

我們在此介紹的課程地圖矩陣也展現了融合學習內容和過程技能的特徵，但它的設計目的不止於此，它會更具體的幫助你在規劃課程時結合本書的思考技能和工具。這個課程地圖矩陣有三個主要目的：

1. **幫助你確保整個學年所有單元都是以可遷移應用的大概念和核心問題來架構與開展**。如果沒有聚焦在大概念或重要想法，課程地圖的規劃就很容易只繞著一堆主題清單和零散的事實技能空轉，這種方式可能導致「照本宣科」的教學，造成表面膚淺和片段零碎的學習。

2. **提醒你要讓學生主動投入理解學科內容的關鍵想法的重要性**。將教學單元裡預定的學科內容與特定的思考技能和相關工具結合起來，你就更有可能增加學生的主動投入度，並達致更深入、更持久的學習。

3. **幫助你整個學年有系統的提供學生多元機會來應用理解和創造意義的技能和工具**。單次接觸任何技能或工具是不可能建立能力的，但當學生有重複的機會運用多種工具來應用技能時，他們獨立運用技能和工具的熟練度會慢慢提高，漸漸發展成熟。

》 教師如何運用課程地圖矩陣？

為了幫助你想像如何運用我們的課程地圖矩陣，請看看圖表 9.3 一整年美國歷史課程的示例。左側欄（縱軸）是確認整學年的單元主題、規劃**學科內容**的位置，第一列（橫軸）則是以**過程技能**為主，並且要求你考慮兩個與過程技能相關的教學設計問題：

圖表 9.3　課程地圖矩陣：美國歷史課程（從 1890 年迄今）

過程技能／學科內容	單元主題	對_____的研究	核心問題 我要如何以大概念為核心來架構學科內容？	技能 我要如何確保學生會主動理解、創造學科內容的意義？	工具
	歷史探究和歷史方法學	意義建構	• 我們如何知道過去真正發生過什麼事？ • 這是誰的「故事」？它的意義是什麼？	☑ 概念化 — 比較 — 預測假設 — 觀點同理 — 筆記摘要 ☑ 為理解而讀 — 視覺圖像化	• 概念獲得 • 為意義而讀 • 歸納式學習 • 如果一那麼
	工業化和移民	劇變動盪	• 工業時代的「贏家和輸家」各是誰？ • 人們為什麼要遷移？ • 當文化融合時，會發生什麼事？	☑ 概念化 ☑ 比較 — 預測假設 — 觀點同理 — 筆記摘要 ☑ 為理解而讀 — 視覺圖像化	• 尋寶遊戲 • 加總事實 • 比較與結論矩陣 • 生命中的一天
	美國帝國主義和第一次世界大戰	擴張	• 美國帝國主義：是解放或壓迫的力量？ • 這場「偉大戰爭」是不可避免的嗎？	☑ 概念化 — 比較 — 預測假設 ☑ 觀點同理 ☑ 筆記摘要 — 為理解而讀 ☑ 視覺圖像化	• 圖形筆記 • 概念定義圖 • 觀點圖

單元主題	對___的研究	核心問題	技能	工具
進步時期	改革	• 在創造公平正義的社會上，政府的責任是什麼？	✓概念化 ✓比較 ☐預測/假設 ✓觀點同理 ☐筆記摘要 ✓為理解而讀 ☐視覺圖像化	• 概念定義圖 • 閱讀立場 • 觀點圖 • 團體 CIRCLE
經濟大蕭條	貪婪	• 為何會發生？ • 它可能再度發生嗎？	☐概念化 ☐比較 ✓預測/假設 ✓觀點同理 ✓筆記摘要 ✓為理解而讀 ☐視覺圖像化	• 閱讀立場 • 4-2-1 摘要總結法 • 你置身其中
第二次世界大戰	抉擇決定	• 我們何時（如果真的需要）應該參戰？ • 有所謂正義的戰爭嗎？	✓概念化 ☐比較 ☐預測/假設 ✓觀點同理 ☐筆記摘要 ☐為理解而讀 ✓視覺圖像化	• 加總事實 • 心靈之眼 • 將「你」放進內容中 • 心靈交會
冷戰時期	敵對競爭	• 我們現在還是在冷戰時期嗎？	✓概念化 ✓比較 ☐預測/假設 ☐觀點同理 ☐筆記摘要 ✓為理解而讀 ✓視覺圖像化	• 強效預覽 • 組織圖表 • 連結概念 • 比較與結論矩陣
政治分裂	意見衝突	• 自由派和保守派的理想如何產生衝突？	✓概念化 ✓比較 ☐預測/假設 ✓觀點同理 ☐筆記摘要 ✓為理解而讀 ☐視覺圖像化	• 概念定義圖 • 閱讀立場 • 觀點圖 • 團體 CIRCLE

1. **我要如何以大概念為核心來架構學科內容？**（運用此問題下方兩欄的「對＿＿＿＿＿的研究」和相關的「核心問題」，以大概念為核心來架構單元主題。）

2. **我要如何確保學生會主動理解、創造學科內容的意義？**（運用此問題下方兩欄的「技能」和「工具」，明確指出你認為最能幫助學生深入學習該單元內容的思考技能和相關工具。）

請注意，這個矩陣並未列出這門課針對的歷史課程標準，因為地方、州、國家和國際的課程標準各有不同。不過，你可以很容易的將課程標準的欄位添加到課程地圖矩陣的學科內容軸當中。

這個矩陣清楚的顯示出單元主題、核心概念和核心問題之間的一致性，也幫助課程設計者看到一整年的課程將會運用哪些技能和工具，以確保教師會教導所有相關的技能，並確保學生有足夠的機會練習運用這些技能，往後學習時能夠遷移應用。

總結：現在輪到你了

在這本書中，我們已清楚說明為何要讓學生投入主動創造意義以促進深度學習的理由。為了從「提出令人信服的理由」轉向幫助你「在教室裡落實教學」，我們提出了整套的七種思考技能及搭配的即用型工具，讓教室裡學生創造意義的過程變得生動活潑起來。我們也提供了有關如何以大概念為核心來架構課程的指引；還建議了如何將技能和工具整合到你的單課教學、單元設計和學年課程的方法。那麼，還剩下什麼要做的呢？只剩一件事，而且那是你的職責：開始做幫助學生自己理解、創造意義的基礎工作，讓他們可以在學校獲得成功經驗，在職業生涯成長茁壯，並且做好準備迎向這個世界正等待著他們的複雜挑戰。

為深度學習而教｜促進學生創造意義的思考工具

參考文獻
REFERENCES

Beesley, A., & Apthorp, H. (Eds.). (2010). *Classroom instruction that works, second edition: Research report.* Denver, CO: Mid-continent Research for Education and Learning.

Boutz, A. L., Silver, H. F., Jackson, J. W., & Perini, M. J. (2012). *Tools for thoughtful assessment: Classroom-ready techniques for improving teaching and learning.* Franklin Lakes, NJ: Silver Strong & Associates/Thoughtful Education Press.

Boyle, J. (2013). Strategic note-taking for inclusive middle school science classrooms. *Remedial and Special Education, 34*(2), 78–90.

Bradley Commission on History in Schools. (1988). *Building a history curriculum: Guidelines for teaching history in schools.* Westlake, OH: National Council for History Education. Retrieved from https://www.nche.net/bradleyreport

Brownlie, F., Close, S., & Wingren, L. (1990). *Tomorrow's classrooms today: Strategies for creating active readers, writers, and thinkers.* Portsmouth, NH: Heinemann.

Brownlie, F., & Silver, H. F. (1995). *Mind's eye.* Paper presented at the seminar Responding Thoughtfully to the Challenge of Diversity, Delta, Canada.

Bruner, J. (1973). *Beyond the information given: Studies in the psychology of knowing.* Oxford: W. W. Norton.

Collaborative for Academic, Social, and Emotional Learning (CASEL). (2017). Core SEL competencies. Retrieved from https://casel.org/core-competencies

Dean, C. B., Hubbell, E. R., Pitler, H., & Stone, B. (2012). *Classroom instruction that works: Research-based strategies for increasing student achievement* (2nd ed.). Alexandria, VA: ASCD.

Erickson, H. L. (2007). *Concept-based curriculum and instruction for the thinking classroom.* Thousand Oaks, CA: Corwin.

Erickson, H. L. (2008). *Stirring the head, heart, and soul: Redefining curriculum, instruction, and concept-based learning* (3rd ed.). Thousand Oaks, CA: Corwin.

Erickson, H. L., Lanning, L. A., & French, R. (2017). *Concept-based curriculum and instruction for the thinking classroom* (2nd ed.). Thousand Oaks, CA: Corwin.

Flammer, L., Beard, J., Nelson, C. E., & Nickels, M. (n.d.). Science preparation for elementary school students. Retrieved from http://www.indiana.edu/~ensiweb/Sci.Prep.Elem.School.pdf

Goodwin, B., Gibson, T., Lewis, D., & Rouleau, K. (2018). *Unstuck: How curiosity, peer coaching, and teaming can change your school.* Alexandria, VA: ASCD.

Guido, B., & Colwell, C. G. (1987). A rationale for direct instruction to teach summary writing following expository text reading. *Reading Research and Instruction, 26,* 89–98.

Hattie, J., & Donoghue, G. (2016). Learning strategies: A synthesis and conceptual model. *npj Science of Learning, 1,* 16013. Retrieved from https://www.nature.com/articles/npjscilearn201613.pdf

Hunter, M. (1984). Knowing, teaching, and supervising. In P. Hosford (Ed.), *Using what we know about teaching* (pp. 169–192). Alexandria, VA: ASCD.

Hyerle, D., & Yeager, C. (2017). *Thinking maps: A language for learning* (2nd ed.). Cary, NC: Thinking Maps.

Langer, J. A. (1994). A response-based approach to reading literature. *Language Arts, 71*(3), 203–211.

Marzano, R. J. (2007). *The art and science of teaching: A comprehensive framework for effective instruction*. Alexandria, VA: ASCD.

Marzano, R. J. (2009). The art and science of teaching: Six steps to better vocabulary instruction. *Educational Leadership, 67*(1), 83–84.

Marzano, R. J., Pickering, D., & Pollock, J. (2001). *Classroom instruction that works: Research-based strategies for increasing student achievement*. Alexandria, VA: ASCD.

McTighe, J. (1996a). *Developing students' thinking skills* [Workshop handout]. Columbia, MD: McTighe & Associates.

McTighe, J. (1996b). Perspective chart. In *Improving the quality of student thinking* [Workshop materials]. Columbia, MD: McTighe & Associates.

McTighe, J. (2016). *Essential questions quick reference guide*. Alexandria, VA: ASCD.

McTighe, J., & Wiggins, G. (2013). *Essential questions: Opening doors to student understanding*. Alexandria, VA: ASCD.

McTighe, J., & Willis, J. (2019). *Upgrade your teaching: Understanding by Design meets neuroscience*. Alexandria, VA: ASCD.

Medina, J. (2008). *Brain rules*. Seattle, WA: Pear Press.

Nath, B. (Ed.). (2009). *Encyclopedia of life support systems: Environmental education and awareness*. Oxford: Eolss.

National Research Council. (1996). *National science education standards*. Washington, DC: National Academies Press.

National Research Council. (2000). *How people learn: Brain, mind, experience, and school* (Expanded ed.). Washington, DC: National Academies Press.

National Research Council. (2013). *Next generation science standards: For states, by states*. Washington, DC: National Academies Press.

Paivio, A. (1990). *Mental representations: A dual coding approach*. New York: Oxford University Press.

Pressley, M. (1979). *The mind's eye*. Escondido, CA: Escondido Union School District.

Pressley, M. (2006). *Reading instruction that works: The case for balanced teaching* (3rd ed.). New York: Guilford Press.

Rahmani, M., & Sadeghi, K. (2011). Effects of note-taking training on reading comprehension and recall. *The Reading Matrix, 11*(2). Retrieved from http://www.readingmatrix.com/articles/april_2011/rahmani_sadeghi.pdf

Robinson, F. P. (1946). *Effective study*. New York: Harper & Row.

Schmoker, M. (2018). *Focus: Elevating the essentials to radically improve student learning* (2nd ed.). Alexandria, VA: ASCD.

Schwartz, R. M., & Raphael, T. E. (1985). Concept of definition: A key to improving students' vocabulary. *The Reading Teacher, 39*(2), 198–205.

SETV (Saginaw County, Michigan, Public Schools). (2011, October 31). *"State v. Golden Locks" mock trial* [Video]. Retrieved from https://www.youtube.com/watch?v=qw7Z4dLkPko

Silver, H. F. (2010). *Compare & contrast: Teaching comparative thinking to strengthen student learning*. Alexandria, VA: ASCD.

Silver, H. F., Abla, C., Boutz, A. L., & Perini, M. J. (2018). *Tools for classroom instruction that works: Ready-to-use techniques for increasing student achievement*. Franklin Lakes, NJ: Silver Strong & Associates/Thoughtful Education Press and McREL International.

Silver, H. F., & Boutz, A. L. (2015). *Tools for conquering the Common Core: Classroom-ready techniques for targeting the ELA/literacy standards.* Franklin Lakes, NJ: Silver Strong & Associates/Thoughtful Education Press.

Silver, H. F., Brunsting, J. R., Walsh, T., & Thomas, E. J. (2012). *Math tools, grades 3–12: 60+ ways to build mathematical practices, differentiate instruction, and increase student engagement* (2nd ed.). Thousand Oaks, CA: Corwin.

Silver, H. F., Dewing, R. T., & Perini, M. J. (2012). *The core six: Essential strategies for achieving excellence with the Common Core.* Alexandria, VA: ASCD.

Silver, H. F., Morris, S. C., & Klein, V. (2010). *Reading for meaning: How to build students' comprehension, reasoning, and problem-solving skills.* Alexandria, VA: ASCD.

Silver, H. F., & Perini, M. J. (2010). *Classroom curriculum design: How strategic units improve instruction and engage students in meaningful learning.* Franklin Lakes, NJ: Thoughtful Education Press.

Silver, H. F., Perini, M. J., & Boutz, A. L. (2016). *Tools for a successful school year (starting on day one): Classroom-ready techniques for building the four cornerstones of an effective classroom.* Franklin Lakes, NJ: Silver Strong & Associates/Thoughtful Education Press.

Silver, H. F., Perini, M. J., & Gilbert, J. M. (2008). *The ten attributes of successful learners: Mastering the tools of learning.* Ho-Ho-Kus, NJ: Thoughtful Education Press.

Silver Strong & Associates. (2013). *The thoughtful classroom teacher effectiveness framework* (Resource guide). Ho-Ho-Kus, NJ: Author.

Silver Strong & Associates. (2018). *Power previewing* (poster). Franklin Lakes, NJ: Author.

Silver, H. F., Strong, R. W., & Perini, M. J. (2000). *So each may learn: Integrating learning styles and multiple intelligences.* Alexandria, VA: ASCD.

Silver, H. F., Strong, R. W., & Perini, M. J. (2007). *The strategic teacher: Selecting the right research-based strategy for every lesson.* Alexandria, VA: ASCD.

Stern, J., Ferraro, K., & Mohnkern, J. (2017). *Tools for teaching conceptual understanding: Designing lessons and assessments for deep learning.* Thousand Oaks, CA: Corwin.

Stone, B. (2016, September 1). Four tips for using nonlinguistic representations [Blog post]. Retrieved from https://www.mcrel.org/four-tips-for-using-nonlinguistic-representations

Taba, H., Durkin, M. C., Fraenkel, J. R., & McNaughton, A. H. (1971). *A teacher's handbook to elementary social studies: An inductive approach* (2nd ed.). Reading, MA: Addison-Wesley.

Texas Youth & Government Training Videos. (2014, October 9). *Example mock trial flow* [Video]. Retrieved from https://www.youtube.com/watch?v=qtDOQM4dM8

Thoughtful Education Press. (2007). *From note taking to notemaking: How making notes and summarizing strengthen student learning.* Franklin Lakes, NJ: Author.

Thoughtful Education Press. (2008). *Word works: Cracking vocabulary's CODE* (2nd ed.). Franklin Lakes, NJ: Author.

Wiggins, G. (1989). The futility of trying to teach everything of importance. *Educational Leadership, 47*(3), 45–49.

Wiggins, G., & McTighe, J. (2005). *Understanding by Design* (Expanded 2nd ed.). Alexandria, VA: ASCD.

Wiggins, G., & McTighe, J. (2011). *The Understanding by Design guide to creating high-quality units.* Alexandria, VA: ASCD.

Wiggins, G., & McTighe, J. (2012). *The Understanding by Design guide to advanced concepts in creating and reviewing units.* Alexandria, VA: ASCD.

Wilhelm, J. D. (2012). *Enriching comprehension with visualization strategies: Text elements and ideas to build comprehension, encourage reflective reading, and represent understanding* (Rev. ed.). New York: Scholastic.

國家圖書館出版品預行編目（CIP）資料

為深度學習而教：促進學生創造意義的思考工具／
Jay McTighe, Harvey F. Silver著；侯秋玲譯.
-- 初版. -- 新北市：心理出版社股份有限公司, 2022.12
面；　公分. --（課程教學系列；41341）
譯自：Teaching for deeper learning : tools to engage
students in meaning making.
ISBN 978-626-7178-30-0（平裝）

1.CST: 概念學習　　2.CST: 教學設計　　3.CST: 教學法

521.4　　　　　　　　　　　　　　　　111017539

課程教學系列 41341

為深度學習而教：促進學生創造意義的思考工具

作　　　者：Jay McTighe、Harvey F. Silver
譯　　　者：侯秋玲
執 行 編 輯：林汝穎
總 編 輯：林敬堯
發 行 人：洪有義
出 版 者：心理出版社股份有限公司
地　　　址：231026 新北市新店區光明街 288 號 7 樓
電　　　話：(02) 29150566
傳　　　真：(02) 29152928
郵撥帳號：19293172 心理出版社股份有限公司
網　　　址：https://www.psy.com.tw
電子信箱：psychoco@ms15.hinet.net
排 版 者：菩薩蠻數位文化有限公司
印 刷 者：辰皓國際出版製作有限公司
初版一刷：2022 年 12 月
初版二刷：2024 年 2 月
I S B N：978-626-7178-30-0
定　　　價：新台幣 220 元